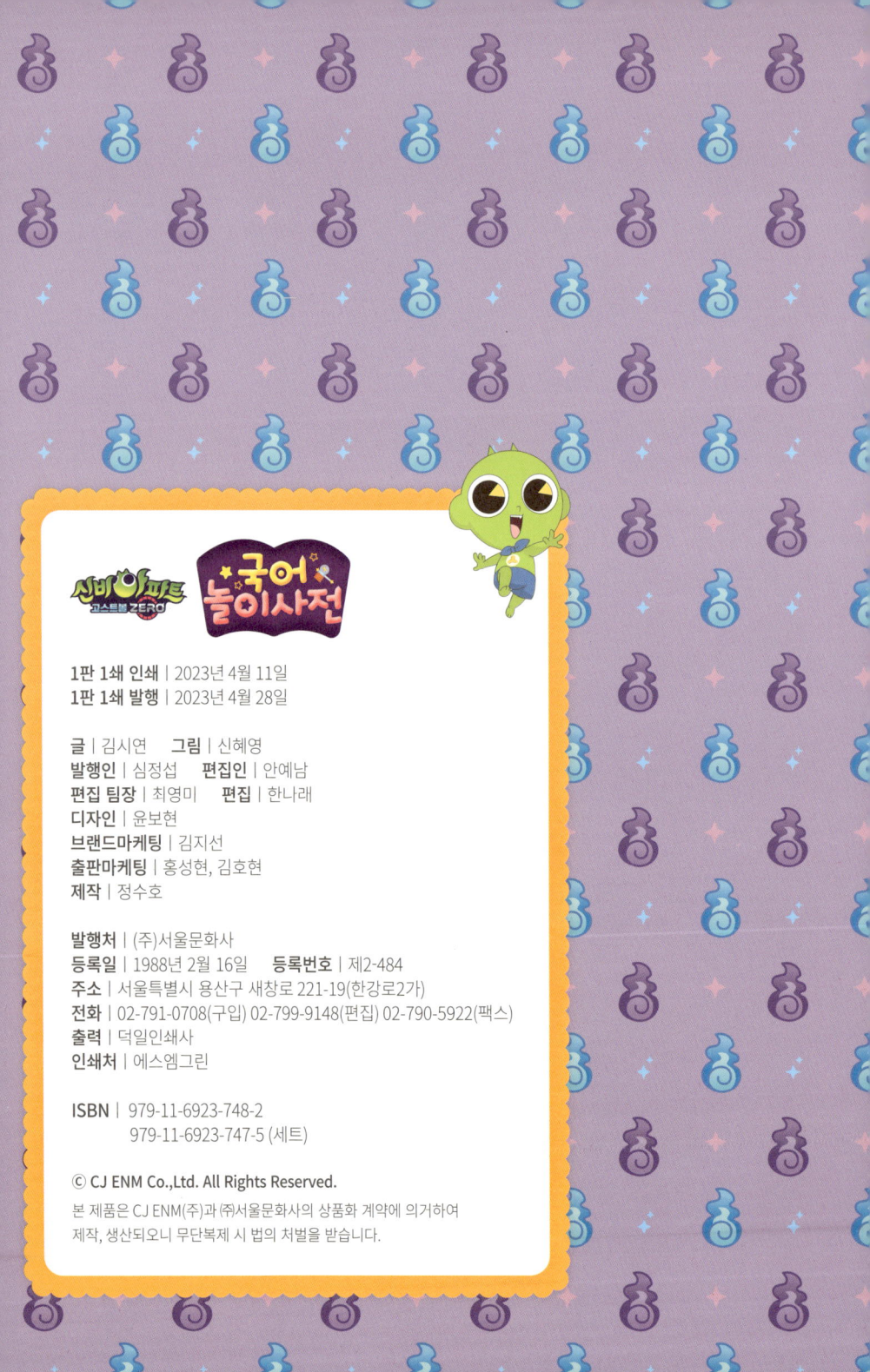

1판 1쇄 인쇄 | 2023년 4월 11일
1판 1쇄 발행 | 2023년 4월 28일

글 | 김시연 **그림** | 신혜영
발행인 | 심정섭 **편집인** | 안예남
편집 팀장 | 최영미 **편집** | 한나래
디자인 | 윤보현
브랜드마케팅 | 김지선
출판마케팅 | 홍성현, 김호현
제작 | 정수호

발행처 | (주)서울문화사
등록일 | 1988년 2월 16일 **등록번호** | 제2-484
주소 | 서울특별시 용산구 새창로 221-19(한강로2가)
전화 | 02-791-0708(구입) 02-799-9148(편집) 02-790-5922(팩스)
출력 | 덕일인쇄사
인쇄처 | 에스엠그린

ISBN | 979-11-6923-748-2
           979-11-6923-747-5 (세트)

ⓒ CJ ENM Co.,Ltd. All Rights Reserved.

본 제품은 CJ ENM(주)과 ㈜서울문화사의 상품화 계약에 의거하여
제작, 생산되오니 무단복제 시 법의 처벌을 받습니다.

들어가기

신 비
잘난 척, 용감한 척하지만 알고 보면 겁쟁이 도깨비!

국어 우등생 도전!
맞춤법, 한자어, 관용어, 속담 등을 공부하며 국어 우등생에 도전해 보자!

신비아파트는 곧 나야!

금 비
사투리 섞인 애교가 특징인 귀염둥이 도깨비!

헷갈리는 개념도 쏙쏙!
알쏭달쏭 헷갈리는 개념도 나랑 같이 공부하면 머릿속에 쏙쏙 들어올기다~!

내는 금비라칸데이~!

주 비
하늘마루 왕자 도깨비

재밌는 놀이로 어려운 문제도 술술~!
미로 찾기, 숨은 그림 찾기, 낱말 퍼즐 등 재밌는 놀이와 함께하면 어려운 문제도 술술 풀릴 것이다.

쭈가 뿌뿌!

이 책의 구성

공부할 주제와 개념을 소개하고 예시와 낱말 풀이 등을 보며 우리말을 쉽게 익힐 수 있어요.

미로 찾기, 숨은 그림 찾기, 다른 그림 찾기, 짝 잇기, 따라 쓰기 등 다양한 활동을 하며 즐겁게 공부할 수 있어요.

각 장이 끝날 때마다 공부한 내용을 복습하며 실력을 확실하게 다질 수 있어요.

- ★ 들어가기 · 6
- ★ 이 책의 구성 · 7
- ★ 차례 · 8

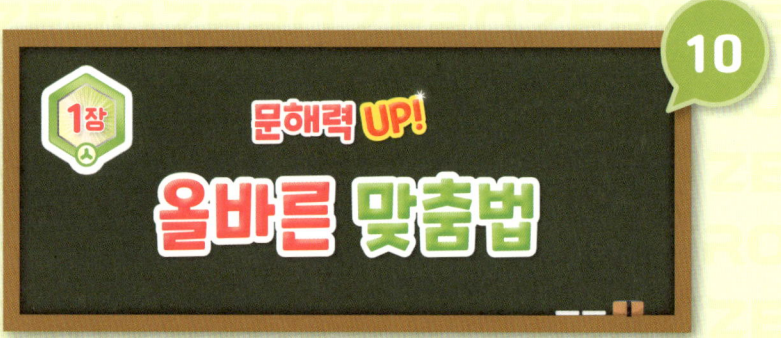

1장 문해력 UP! 올바른 맞춤법 — 10

2장 문해력 UP! 자주 쓰는 한자어 — 88

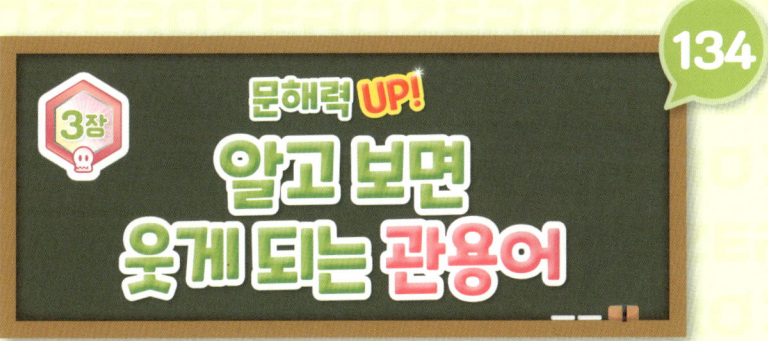

3장 문해력 UP! 알고 보면 웃게 되는 관용어 — 134

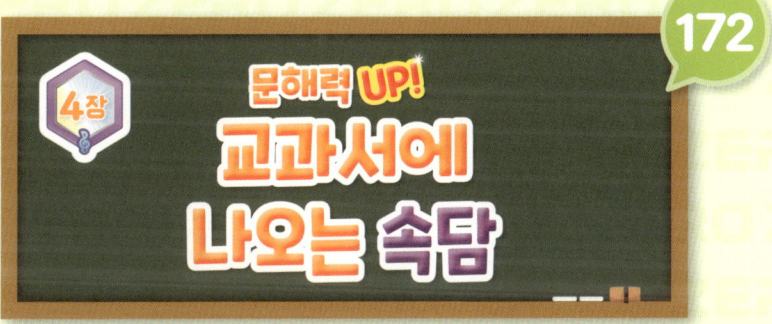

4장 문해력 UP! 교과서에 나오는 속담 — 172

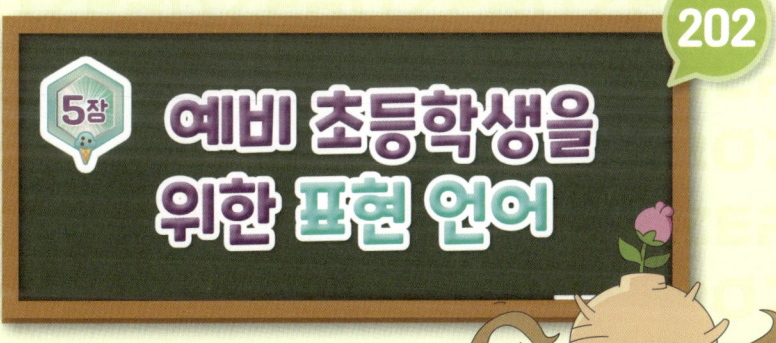

5장 예비 초등학생을 위한 표현 언어 — 202

★ 정답 · 222

문해력 UP!
올바른 맞춤법

맞춤법은 글자를 쓸 때
모두가 지켜야 하는 규칙이에요.

맞춤법을 정확히 알아야
뜻을 잘 전달하고 대화가 잘 통해요.

가르치다 VS 가리키다

🟢 어떤 낱말이 맞을까요?

새로운 게임을 **가리켜** 주마!

뭘 **가르쳐** 준다는 거지?

정확한 맞춤법을 알아보아요.

가리키다는 손가락으로 어떤 방향이나 물건을 집어서 보이거나 말하는 것이에요. **가르치다**는 다른 사람한테 지식, 기술 등을 익히거나 깨닫게 하는 것을 말해요. 따라서 블록마스터M은 '가리켜 주마'가 아니라 '가르쳐 주마'라고 말해야 해요.

정답: 가르치다

🌟 낱말 풀이

기술 어떤 것을 잘 만들거나 고치는 재주.
방향 어떤 쪽 또는 어떤 목표를 향해 나아가는 것.

1. 왼쪽에 있는 그림과 오른쪽의 직업을 바르게 연결하고, 학생을 가르치는 사람에 O표를 해 보세요.

2. 다음 문장을 큰 소리로 읽으면서 써 보세요.

가까워 VS 가까와

😀 어떤 낱말이 맞을까요?

정확한 맞춤법을 알아보아요.

가깝다, 아름답다 등 '다' 앞에 글자 받침이 'ㅂ'으로 끝나면 '워'로 바꿔 써야 해요. **가깝다**는 **가까워**, **아름답다**는 **아름다워**로 쓰거나 말하지요. 따라서 현우가 말한 '가까와'는 '가까워'로 고쳐야 해요.

정답: 가까워

낱말 풀이

가깝다 두 곳 사이의 거리가 짧은 것.
아름답다 보이는 것이나 들리는 것이 눈과 귀를 행복하게 해 주는 것.

1 길을 빠져나가고, 더 가까이 있는 귀신에 O표를 해 보세요.

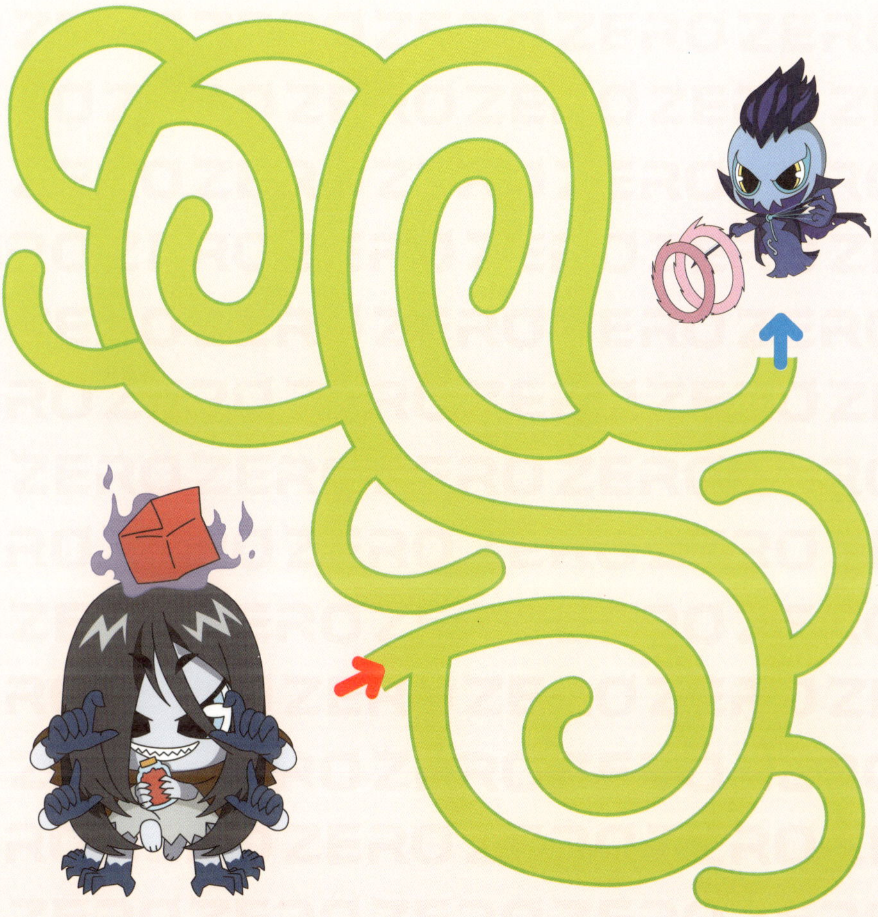

2 다음 문장을 큰 소리로 읽으면서 써 보세요.

가깝다 가까워

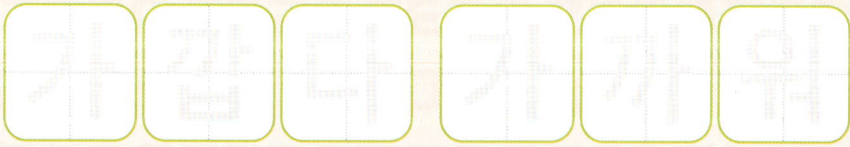

거에요 vs 거예요

🟢 **어떤 낱말이 맞을까요?**

이 요술큐브는 내 **거에요**.

저 요술큐브는 내 **거예요**.

정확한 맞춤법을 알아보아요.

예요는 **이에요**가 줄어든 말이에요.
'이에요' 앞에 오는 글자에 받침이 없으면 줄여서 '예요'라고 쓰고, 받침이 있으면 그대로 '이에요'라고 써요. 따라서 신비가 말한 '거예요'가 정답이에요.

정답: 거예요

예문을 살펴보아요.

 그 선물은 내 **거예요**.
 내 책상**이에요**.

① 생일에 받은 선물이에요. 점선을 따라 그려 보세요.

② 다음 문장을 큰 소리로 읽으면서 써 보세요.

건네다 VS 건내다

어떤 낱말이 맞을까요?

이 지렁이를 누구한테 **건네줄까?**

나한테 **건내줘.**

정확한 맞춤법을 알아보아요.

돈이나 물건 같은 것을 다른 사람에게 옮기어 줄 때는 **건네다**라고 해요. 따라서 멘드레이크가 말한 '건네줄까'가 정답이에요.

정답: 건네다

낱말 풀이

다르다 여러 가지가 서로 구별되는 것.

가로 세로 낱말 퍼즐이에요. 아래 설명을 읽고 빈칸을 채워 낱말을 완성해 보세요.

가로 열쇠

1. 땅속에서 꿈틀꿈틀 기어다니며 사는 가늘고 긴 벌레.
2. 꽃을 찾아 꿀을 빨아 먹는다. 몸은 가늘고 가슴에 큰 날개가 두 쌍 있는 곤충.

세로 열쇠

1. 이름을 써서 옷이나 가방에 다는 표.
1. 해에서 셋째로 가까우며, 우리가 사는 크고 둥근 별.

맞춤법

곰곰히 vs 곰곰이

어떤 낱말이 맞을까요?

네 이름이 뭐였더라? **곰곰히** 생각해 볼게.

곰곰히가 아니라 **곰곰이**!

정확한 맞춤법을 알아보아요.

곰곰이는 여러모로 깊이 생각하는 모양을 말해요.

곰곰이라고도 쓰지요. **더욱, 일찍**도 **더욱이, 일찍이**라고도 써요.

정답: 곰곰이

낱말 풀이

여러모로 여러 가지 점에서.

모양 겉으로 보이는 생김새.

1 숫자 순서대로 선을 이은 다음 색칠해 보세요.

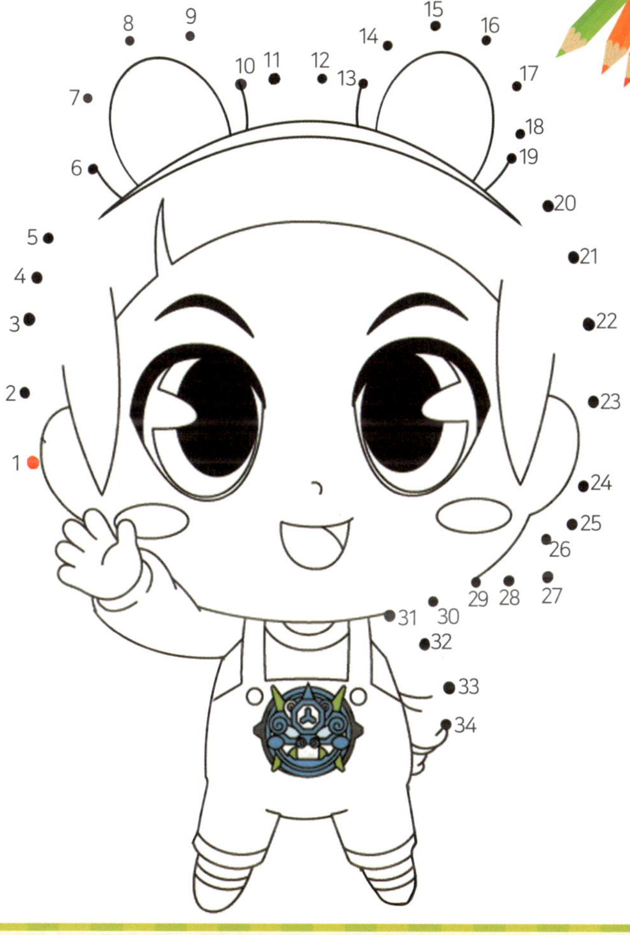

2 다음 낱말을 큰 소리로 읽으면서 써 보세요.

곰곰 곰곰이

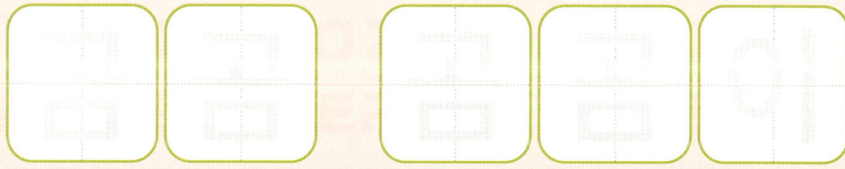

굳이 vs 구지

채	소	를		안		먹	는	다
고		혼	났	다	.	채	소	를
왜		구	지		먹	어	야	할
까	?							

정확한 맞춤법을 알아보아요.

굳이는 '단단한 마음으로 굳게'라는 뜻이에요.

읽을 때는 [구지]로 읽지만 쓸 때는 **굳이**라고 써요.

정답: 굳이

길을 따라가서 바른 맞춤법을 알아보세요.

금세 vs 금새

😊 어떤 낱말이 맞을까요?

**신비 국어 학원
학생 모집**

우리 학원에 다니면 **금새** 한글을 익힐 수 있습니다.

문의: 123-4567

"이 학원은 다니면 안 되겠어. 종이접기나 해야지."

정확한 맞춤법을 알아보아요.

금세는 '지금 바로'라는 뜻이에요. **금시에**가 줄어든 말이지요.
금새는 물건의 값 또는 물건값이 싸고 비싼 정도를 말해요.
그러니 위 글에서는 '금새'가 아니라 '금세'라고 써야 해요.

정답: 금세

예문을 살펴보아요.

- 약을 먹고 나서 **금세** 잠이 들었어.
- 소문이 **금세** 퍼지기 시작했다.

어미 새가 둥지로 금세 돌아갈 수 있게 길을 따라가 보세요.

거야 VS 꺼야

어떤 낱말이 맞을까요?

오늘부터 열심히 공부할 **꺼야.**

난 너랑 놀 **거야.**

정확한 맞춤법을 알아보아요.

거야의 '거'는 '것'을 편하게 발음하기 위해 쓰는 글자예요.
읽을 때는 [꺼야]로 소리 나지만 쓸 때는 **거야**로 써요.

정답: 거야

예문을 살펴보아요.

- 오늘 일찍 잘 **거야.**
- 책을 읽을 **거야.**

1. 귀신을 멋지게 색칠해 보세요.

2. 어른이 되면 어떤 사람이 되고 싶은지 써 보세요.

난 _____ (이)가 될 거야.

낫다 VS 낳다

😀 어떤 낱말이 맞을까요?

정확한 맞춤법을 알아보아요.

낳아의 본래 말은 **낳다**예요. 몸속에 있는 아기, 새끼 등을 몸 밖으로 나오게 하는 뜻이에요. 충호귀처럼 병이나 상처가 고쳐져서 원래대로 돌아가는 것을 말할 때는 **나아, 낫다**라고 해야 해요.

정답: 나아라, 낫다

🌟 예문을 살펴보아요.

- 다리가 아프다며? 얼른 **나아**.
- 고양이가 새끼를 **낳았데이**.

1 보기와 똑같은 그림자를 찾아 O표를 하세요.

보기

2 다음 문장을 큰 소리로 읽으면서 써 보세요.

아	기	를		낳	았	다	.
상	처	가		나	았	다	.

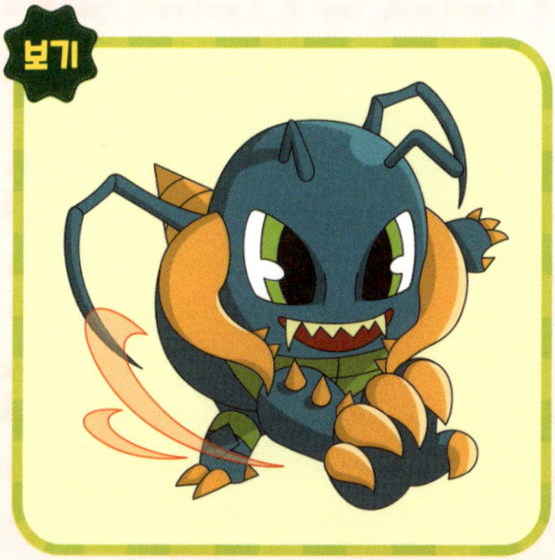

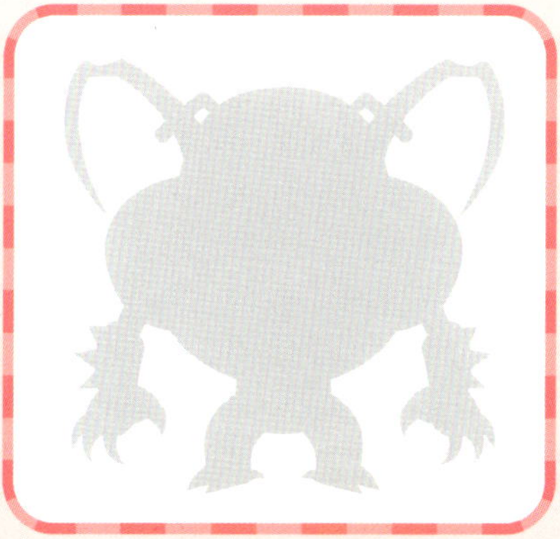

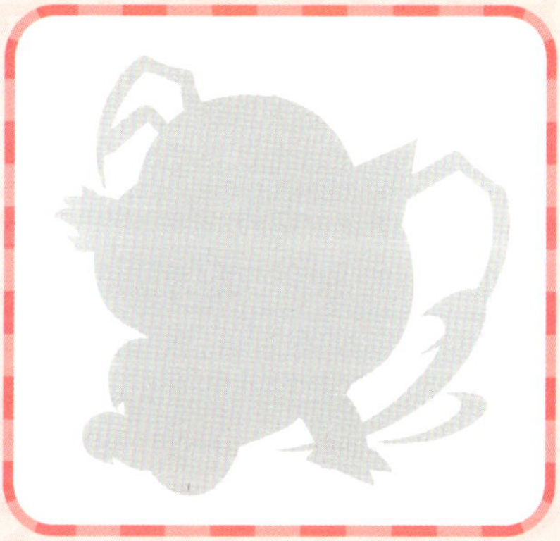

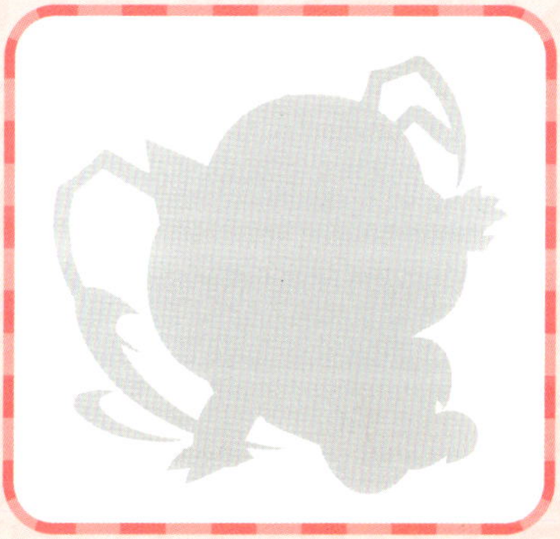

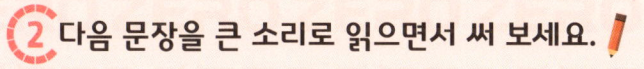

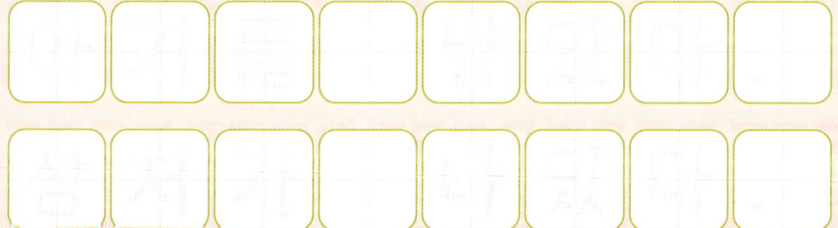

널부러지다 vs 널브러지다

어떤 낱말이 맞을까요?

물건들이 왜 이렇게 **널부러져** 있어! 얼른 치워.

그거 누나가 **널브러뜨린** 거잖아.

정확한 맞춤법을 알아보아요.

널브러지다는 너저분하게 흐트러지거나 흩어진 것을 말해요. 그러니 위 대화에서는 두리처럼 '널브러뜨리다', '널브러지다'라고 말해야 해요.

정답: 널브러지다

예문을 살펴보아요.

 방에 물건이 **널브러져** 있어서 엄마한테 혼났어.

아래 그림에서 다른 곳 3군데를 찾아 O표를 하세요.

늘이다 vs 늘리다

😀 어떤 낱말이 맞을까요?

내 머리끈 네가 **늘인** 거야?

내가 안 **늘렸어.**

정확한 맞춤법을 알아보아요.

줄을 잡아당겨 길게 늘어난 것을 **늘이다**라고 해요.
늘리다는 시간이나 수를 더 많아지게 하거나 크기를 크게 할 때 쓰는 말이에요.

정답: 늘이다

예문을 살펴보아요.

 고무줄을 **늘이다.**
 운동선수가 되기 위해 몸무게를 10kg이나 **늘렸어.**

맞춤법

다르다 vs 틀리다

👀 **어떤 낱말이 맞을까요?**

정확한 맞춤법을 알아보아요.

틀리다는 답이나 사실이 맞지 않거나 옳지 않은 것을 표현할 때 써요.
다르다는 여러 가지가 서로 구별되는 것을 말하지요.
따라서 지접귀는 '틀리게'가 아니라 '다르게'라고 말해야 해요.

정답: 다르다

🌟 **낱말 풀이**

구별 성질이나 종류에 따라 나누는 것.
사실 실제로 일어난 일이나 실제로 있는 일.

1️⃣ 지접귀가 종이접기를 했어요.
보기 그림과 다른 종이접기에 O표를 하세요.

2️⃣ 다음 문장을 큰 소리로 읽으면서 써 보세요.

대 vs 데

어떤 낱말이 맞을까요?

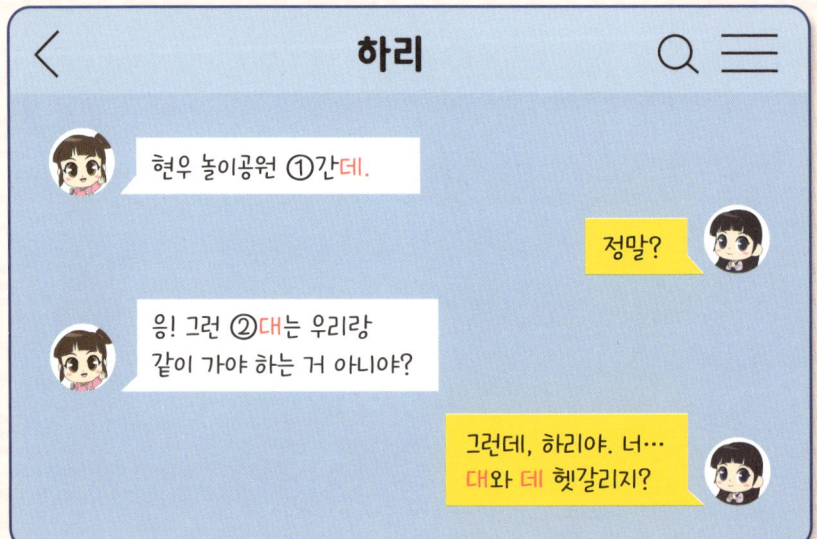

하리

현우 놀이공원 ①간데.

정말?

응! 그런 ②대는 우리랑 같이 가야 하는 거 아니야?

그런데, 하리야. 너… 대와 데 헷갈리지?

정확한 맞춤법을 알아보아요.

①은 직접 겪지 않았지만, 사실을 말하거나 놀랐을 때 **~했다고 해**라는 뜻을 나타내고, **-대**라고 써요. 그러니 **간대**라고 써야 옳아요.

-데는 직접 겪고 알게 된 사실을 말할 때 **~하더라**라는 뜻으로 쓰지요. '신비아파트 재밌던데!'처럼요.

②에서는 '곳'이나 '장소'를 나타내는 **데**를 써야 해요. 여기서는 **그런 데**라고 써야 맞아요.

올바른 맞춤법을 찾아 길을 빠져나가 보세요.

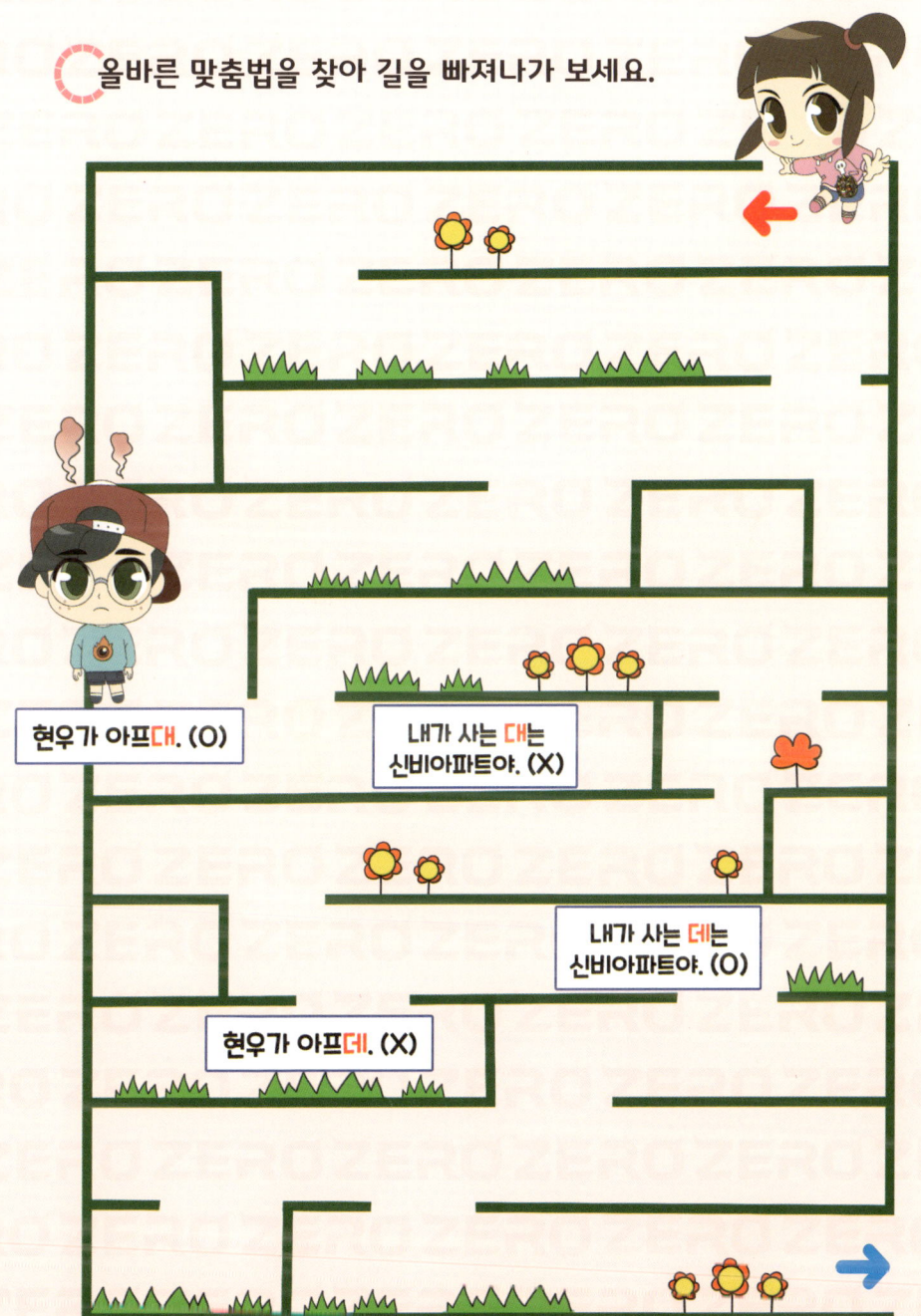

맞춤법

도대체 VS 도데체

어떤 낱말이 맞을까요?

도데체 나보다 예쁜 사람들이 많은 이유가 뭐야?

그건 그렇고 오늘 뭐 하고 놀지?

도대체 네가 하고 싶은 말이 뭐야?

정확한 맞춤법을 알아보아요.

도대체는 몹시 궁금하거나 답답할 때, 다른 말은 그만두고 '진짜 하고 싶은 말을 하자면'의 뜻을 나타낼 때 써요.
'도데체'는 틀린 글자예요.

정답: 도대체

예문을 살펴보아요.

- **도대체** 국어를 잘하려면 어떻게 해야 하는 거야?
- 빨간마스크는 **도대체** 무엇을 하자는 걸까?

1 글자 '도', '대', '체'에만 색칠해 보세요.

도	대	체	동	대	더	도
대	최	해	데	체	헤	대
체	메	디	다	도	대	체
도	뎅	최	차	대	다	대
대	체	도	돈	체	챙	체

2 왼쪽 그림과 똑같이 빈칸을 색칠해 보세요.

맞춤법

돋우다 vs 돋구다

👀 어떤 낱말이 맞을까요?

달콤한 딸기 향기가 식욕을 **돋구는군**.

틀린 맞춤법으로 내 화를 **돋우지** 마.

정확한 맞춤법을 알아보아요.

돋우다는 위로 끌어 올려 높아지게 하거나 마음이나 흥미, 입맛 등을 일으킨다는 뜻이에요.

돋구다는 안경 도수를 높일 때 쓰지요.

정답: 돋우다

🌱 **낱말 풀이**

식욕 음식을 먹고 싶은 마음.
도수 크기나 높낮이를 수로 나타낸 것.

1. 귀신들이 입맛을 돋우는 주스를 마시고 있어요.
매운 고추 주스를 먹게 될 귀신에 O표 하세요.

2. 다음 문장을 큰 소리로 읽으면서 써 보세요.

돼요 vs 되요

저 오늘 게임해도 **돼요?**

블록마스터M만 허락할게.

저는 종이접기 해도 **되요?**

정확한 맞춤법을 알아보아요.

돼요의 본말은 **되다**로 '어떤 것이 생기거나 이루어지다, 어떤 일을 해도 좋다' 등의 뜻이 있어요. 여기서는 물어보는 상황이기 때문에 어떤 일을 해도 좋은지 물어보는 거예요. **되다**는 '되고, 되니, 되어, 되지' 등으로 바꾸어 쓸 수 있는데, 이때 **되다**와 존댓말인 **-요** 사이에 **어**를 붙여야 해요. 그래서 **되어요**로 바꾸어 쓰거나, **돼요**로 줄여 쓸 수 있지요.

정답: 돼요

왼쪽 그림과 똑같이 그린 다음 색칠해 보세요.

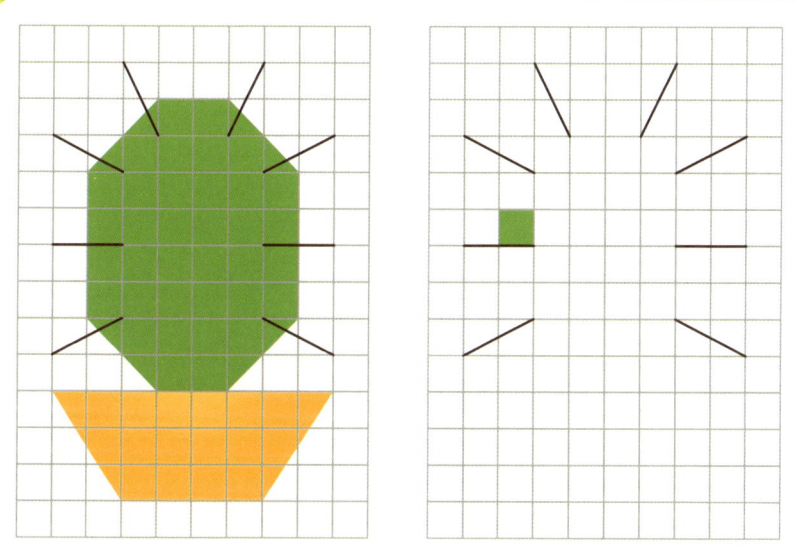

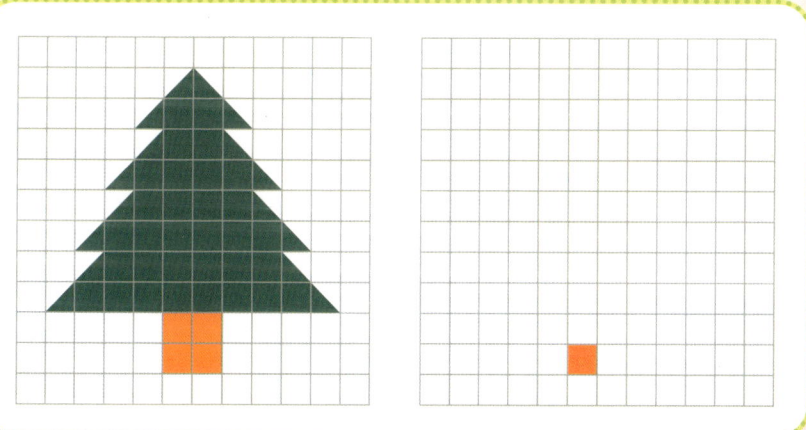

낱말 풀이

되다　1. 어떤 것이 생기거나 이루어지다. <어른이 **되었다.**>
　　　　2. 상태가 전과 다르게 바뀌다. <얼음이 녹아 물이 **되다.**>
　　　　3. 어떤 일을 해도 좋다. <만화 봐도 **돼요?**>

띠다 vs 띄다

어떤 낱말이 맞을까요?

오늘따라 왜 먹잇감이 눈에 안 ①**띠는** 거야!

너 화내니까 얼굴이 푸른빛을 ②**띠네**?

정확한 맞춤법을 알아보아요.

①에서는 '눈에 보이다'는 뜻을 나타내는 **뜨이다** 또는 뜨이다의 준말인 **띄다**를 써야 해요. ②에서 **띠네**는 어떤 빛깔이나 성질을 지닌다는 뜻으로 올바른 맞춤법이랍니다.

정답: ②띠네, 띄다

예문을 살펴보아요.

- 노란 지붕이 눈에 **띄었다**.
- 부끄러우면 볼이 붉은빛을 **띤다**.

그림을 보고 다른 곳 5군데를 찾아 O표를 하세요.

로서 vs 로써

맞춤법

어떤 낱말이 맞을까요?

두리의 어린이 선언문

1. 어린이의 생활을 항상 즐겁게 해 주십시오.

2. 어린이는 항상 칭찬해 가며 기르십시오.

3. 어린이로서 하루에 게임 1시간만 하게 해 주십시오.

   (눈물로써 부탁합니다.)

(1, 2번은 '조선소년운동협회'의 <어린이날 선언> 가운데 일부입니다.)

정확한 맞춤법을 알아보아요.

로서는 '그런 지위나 자격을 가지고'라는 뜻을 나타내도록 돕는 말이에요. 사람이나 신분, 직업 뒤에 쓰이지요.

로써는 '그것을 가지고' 또는 '그것을 써서'를 나타내도록 도우며, 물건이나 어떤 일의 도구를 나타내는 말 뒤에 쓰여요.

정답: 로서, 로써 모두 올바르게 쓰임

① 게임 화면 속 두리는 모두 몇 명일까요?

_____ 명

② 다음을 큰 소리로 읽으면서 써 보세요.

맞히다 vs 맞추다

👀 어떤 낱말이 맞을까요?

네가 누구를 좋아하는지 **맞추마**.

왠지 **맞히지** 못할 것 같군.

정확한 맞춤법을 알아보아요.

퀴즈, 수수께끼 등 문제에 대한 답을 틀리지 않게 하다는 뜻을 나타낼 때 **맞다, 맞히다**라고 해요. **맞추다**는 떨어져 있는 부분을 제자리에 맞게 대어 보거나, 다른 것과 나란히 두고 비교해 볼 때 쓰는 말이지요.

정답: 맞히다

예문을 살펴보아요.

 어제는 퍼즐을 **맞추며** 놀았어.

 맞춤법을 정확하게 **맞혔어**.

빈칸에 어떤 그림 조각을 맞춰야 할까요?
빈칸에 들어갈 그림을 찾아 조각의 번호를 써 보세요.

몇일 vs 며칠

어떤 낱말이 맞을까요?

어린이날이 **몇일**이더라?

어린이가 아니라서 **며칠**인지 모르나?

정확한 맞춤법을 알아보아요.

그달의 몇 번째 되는 날, 몇 날을 가리킬 때 **며칠**이라고 해요. '몇일'은 틀린 글자예요.

정답: 며칠

왼쪽에 있는 동물의 수를 선으로 이어 보세요.

바램 vs 바람

어떤 낱말이 맞을까요?

내 **바람**은 네가 사라지는 것!

내 **바램**은 인간의 몸을 차지하는 것!

정확한 맞춤법을 알아보아요.

여기서 말하는 **바람**은 어떤 일이 간절하게 이루어지기를 바라는 마음을 나타내요. 때문에 '바라다'의 준말인 **바람**으로 써야 하지요. '바램'은 틀린 글자예요.

정답: 바람

예문을 살펴보아요.

내 **바람**대로 소원이 이루어졌으면 좋겠다.

친구들에게 필요한 물건이 무엇인지 선을 따라가 맞혀 보세요.

설거지 vs 설겆이

어떤 낱말이 맞을까요?

아빠, 저 **설겆이** 잘하죠?

아빠 생각에도 네가 **설거지**를 잘하는 것 같아.

정확한 맞춤법을 알아보아요.

먹고 난 뒤에 그릇을 씻어 정리한다는 뜻을 나타내는 말은 **설거지**예요. 훈민정음을 만들 때 '그릇을 **설었다**'는 뜻에서 만들어진 낱말이랍니다. '설겆이'는 틀린 말이에요.

정답: 설거지

숫자 순서대로 점을 잇고 예쁘게 색칠해 보세요.

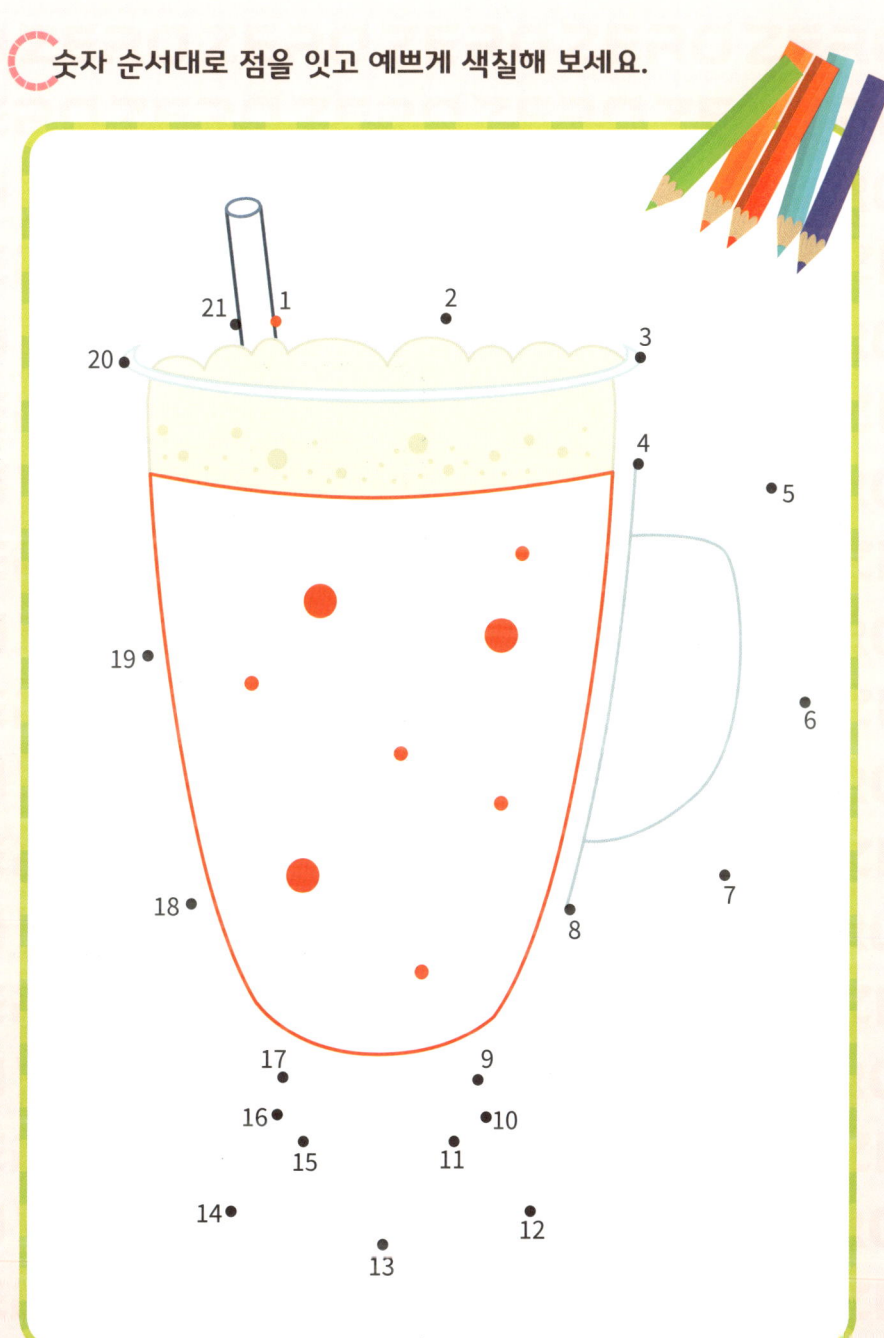

맞춤법

싫증 vs 실증

어떤 낱말이 맞을까요?

"집 정리를 할 테니 상자에 **싫증** 난 물건을 담도록."

"두리야! **실증** 난 장난감 좀 치워!"

정확한 맞춤법을 알아보아요.

싫증은 싫은 생각이나 느낌 또는 그런 반응을 나타내는 말이에요. **싫다**라는 낱말과 증상을 뜻하는 한자어 **증**이 더해진 말이지요. 따라서 여기서는 **싫증**이 올바른 맞춤법이에요.

정답: 싫증

1 캐릭터 표정과 어울리는 낱말을 선으로 이어 보세요.

2 다음 문장을 큰 소리로 읽으면서 써 보세요.

| 신 | 중 | 하 | 나 | 다 |

쏫다 vs 쏟다

👀 어떤 낱말이 맞을까요?

말풍선: 강림아, 우유를 **쏫으면** 어떡해!

말풍선: 미안. 근데 쏫은 게 아니라 **쏟아진** 건데….

정확한 맞춤법을 알아보아요.

그릇이나 통이 기울어져서 속에 담긴 것이 밖으로 나오는 것을 **쏟다**, 또는 **쏟아지다**라고 하지요.
'쏫다, 쏫아지다'는 틀린 글자예요.

정답: 쏟다, 쏟아지다

예문을 살펴보아요.

 실수로 우유를 **쏟았어**.

 식탁이 넘어져서 물이 **쏟아졌어**.

강림이가 리온에게 우유를 갖다줄 수 있게 길을 빠져나가 보세요.

안 하다 VS 않하다

맞춤법

🟢 어떤 낱말이 맞을까요?

오늘 집안일은 않하겠다! 스스로 알아서 하도록!
- 아빠 씀 -

정확한 맞춤법을 알아보아요.

부정하는 표현은 두 가지로 나타낼 수 있어요. **~지 않다**를 쓰거나 단어 앞에 **안**을 붙이는 거예요. 예를 들어 '집안일 하기 싫다'는 마음을 나타내고 싶다면 '집안일을 **안 하고** 싶다' 또는 '집안일을 **하지 않겠다**' 라고 말할 수 있지요.

정답: 안 하다

예문을 살펴보아요.

- 숙제를 **안** 했어요.
- 오늘은 몸이 좋지 **않아**.

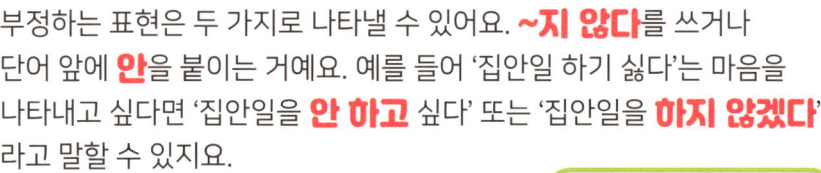

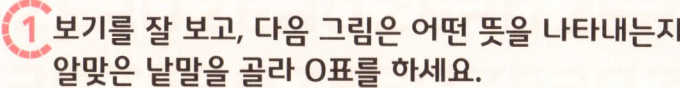

1 보기를 잘 보고, 다음 그림은 어떤 뜻을 나타내는지 알맞은 낱말을 골라 O표를 하세요.

 이곳에서 사진을 찍으면 안 돼요.

 이곳에서 음식을 먹으면 (**안 돼요.** / **돼요.**)

2 보기의 설명이 나타내는 그림을 찾아 O표를 하세요.

이곳에서 핸드폰을 하면 안 돼요.

어이없다 vs 어의없다

어떤 낱말이 맞을까요?

강림아, **어의없는** 얘기해 줄까?

어의는 왜 찾아? **어이없다** 인데….

정확한 맞춤법을 알아보아요.

어이없다는 일이 너무 뜻밖이어서 기가 막힌다는 뜻이에요.
어의는 옛날에 임금이나 왕족의 병을 치료하던 의원을 가리키는 말이므로 요즘은 잘 쓰지 않는 낱말이에요.

정답: 어이없다

낱말 풀이

왕족 임금의 친척들.
의원 의사. 또는 의사가 진료 시설을 갖추고 환자를 치료하는 곳.

◯ 올바른 낱말을 듣고 있는 귀신에 O표를 하세요.

| 어이없다 | 어의없다 |

| 쏟다 | 쏫다 |

| 바램 | 바람 |

열심히 vs 열심이

어떤 낱말이 맞을까요?

열심히와 **열심이** 중 어떤 낱말이 맞을까요? 아래 힌트를 보면 정답을 알 수 있어요.

정확한 맞춤법을 알아보아요.

열심히는 어떤 일에 온 정성을 다해 힘쓰는 것을 뜻하는 **열심**이란 낱말에 **-히**가 붙은 거예요. '열심이'는 틀린 글자랍니다.

정답: 열심히

예문을 살펴보아요.

- 오늘도 **열심히** 놀았다.
- 어떻게 하면 이길지 **곰곰이** 생각했다.

① 아래 숫자에 적힌 색깔대로 그림을 색칠해 보세요.

| 1 | 2 | 3 | 4 | 5 | 6 | 7 |

② 문장을 읽고 올바른 낱말에 O표를 하세요.

자전거를 (열심이 / 열심히) 배웠다.

왠지 vs 웬지

어떤 낱말이 맞을까요?

오늘은 **웬지** 기분이 좋아.

오늘은 **왠지** 연주가 잘될 것 같군.

정확한 맞춤법을 알아보아요.

왜 그런지 모르게, 또는 '뚜렷한 이유도 없이'라는 뜻을 나타낼 때 **왠지**라고 해요.
왜인지가 줄어든 말이므로 '웬지'는 틀린 글자예요.

정답: 왠지

예문을 살펴보아요.

- 현악귀가 **왠지** 화를 낼 것 같다.
- 오늘따라 **왠지** 기분이 좋다.

① 그림을 보고 다른 곳 5군데를 찾아 O표를 하세요.

② 다음 낱말을 큰 소리로 읽으면서 써 보세요.

왠일 VS 웬일

어떤 낱말이 맞을까요?

두리야, **웬일**이니? 열심히 공부를 다하고.

웬일은요. 맞춤법 공부해서 좋아하는 친구에게 편지 쓸 거예요.

정확한 맞춤법을 알아보아요.

어찌 된 일, 의외의 뜻을 나타낼 때 **웬일**이라고 해요. '왠일'은 틀린 글자예요.

정답: 웬일

예문을 살펴보아요.

- 네가 공부를 하다니, **웬일**이니?
- 친구가 결석을 하다니, **웬일**일까?

각 그림의 수를 세어서 빈칸에 써 보세요.

일부러 vs 일부로

어떤 낱말이 맞을까요?

너 주려고 **일부로** 초콜릿을 만들었어.

일부러 만들어 주다니 고마워.

정확한 맞춤법을 알아보아요.

일부러는 '어떤 목적이나 생각을 가지고 굳이'라는 의미가 있어요. 또 알면서도 마음을 숨길 때도 쓰지요. '일부로'는 틀린 글자예요.

정답: 일부러

예문을 살펴보아요.

 일부러 싫은 척하는 거지?

 일부러 나오지 않아도 돼.

가은이가 선물 상자를 받으려면 몇 번 길로 가야 할까요?
선물 상자를 받는 길의 번호에 O표를 하세요.

주웠다 vs 주었다

어떤 낱말이 맞을까요?

엄마, 오다가 길에서 지갑을 ①**주었어**요.

경찰서에 갖다 ②**주어서** 고마워. 주인을 찾아 줄게.

정확한 맞춤법을 알아보아요.

① 바닥에 떨어진 것을 집거나 어떤 물건을 들어 지니는 것을 **줍다**라고 해요. '**주워**'로 바꿔 쓸 수 있으며, 하리는 길에 떨어져 있던 지갑을 들었기 때문에 **주웠다**로 써야 해요.

② **주어서**는 '물건을 남에게 건네어 가지게 하다'라는 뜻으로 본래 말은 **주다**예요. '주겠다, 주었다'로도 쓰이지요. 따라서 위 대화에서는 하리 엄마의 말씀이 정확한 표현이랍니다.

정답: ②주어서

사다리를 타고 내려가서 그림과 어울리는 상황의 문장을 따라 쓰세요.

찌개 vs 찌게

어떤 낱말이 맞을까요?

식단표

	월요일	화요일
점심	귀리밥 된장**찌개** 시금치무침 불고기 김치	잡곡밥 김치**찌게** 두부조림 고등어구이 깍두기

정확한 맞춤법을 알아보아요.

찌개는 국물을 바특하게 잡아 고기나 채소를 넣어 갖은양념을 해서 끓인 음식이에요. '찌게'는 틀린 글자예요.

정답: 찌개

낱말 풀이

갖은양념 음식 맛을 돋우기 위해 쓰는 갖가지 양념.
바특하다 사이가 좁다. 또는 국물이 적다.

1. 보기 그림을 보고 보기의 김치찌개에 들어가지 않은 재료를 골라 O표를 하세요.

보기

| 1 김치 | 2 두부 | 3 버섯 | 4 바나나 |

2. 다음 낱말을 큰 소리로 읽으면서 써 보세요.

창피하다 vs 챙피하다

어떤 낱말이 맞을까요?

정확한 맞춤법을 알아보아요.

떳떳하지 못하거나 낯 뜨거운 일을 당해 몹시 부끄러울 때 **창피** 또는 **창피하다**라고 해요.
'챙피해요'는 틀린 글자예요.

정답: 창피하다

동그라미 안에 있는 자음과 모음 가운데 '창피하다'라는 낱말을 만들 수 있는 글자에 모두 O표를 하고 빈칸에 써 보세요.

처부수다 vs 쳐부수다

맞춤법

어떤 낱말이 맞을까요?

정확한 맞춤법을 알아보아요.

쳐부수다는 '공격하여 무찌르다, 세차게 때려 부수다'라는 뜻이에요.

'처부수다'는 틀린 글자예요.

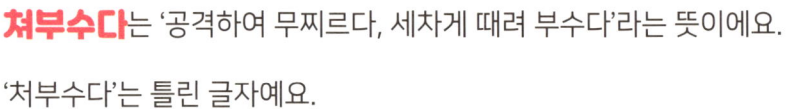

정답: 쳐부수다

낱말 풀이

적 서로 싸우거나 해치고자 하는 상대.

공격 나아가 적을 침.

주비가 충호귀와 큐피드데빌을 물리치려고 해요.
각각 몇 마리인지 세어 빈칸에 써 보세요.

 _____ 마리

 _____ 마리

하마터면 VS 하마트면

어떤 낱말이 맞을까요?

준비물
1. 색연필
2. 색종이
3. 풀

하마터면
풀을 빠뜨릴 뻔 했네.

정확한 맞춤법을 알아보아요.

하마터면은 '조금만 잘못했더라면'이라는 뜻으로 위험한 상황을 겨우 벗어났을 때 쓰는 말이에요. '하마트면'은 틀린 글자예요.

정답: 하마터면

예문을 살펴보아요.

 하마터면 준비물을 깜빡할 뻔했다.

① 아프리카에 사는 동물들이에요. 하마를 찾아 O표를 하세요.

② 다음 낱말을 큰 소리로 읽으면서 써 보세요.

| 카 | 멜 | 레 | 온 |

햇갈리다 vs 헷갈리다

👀 어떤 낱말이 맞을까요?

이 다음에 어떻게 접더라? **햇갈리네.**

지접귀가 그걸 **헷갈리냐?**

정확한 맞춤법을 알아보아요.

여러 가지가 뒤섞여 갈피를 잡기 어려울 때 **헷갈리다**라고 해요.

'햇갈리다'는 틀린 글자예요.

정답: 헷갈리다

예문을 살펴보아요.

종이접기 순서가 **헷갈려요**.

그림을 보고 다른 곳 5군데를 찾아 O표를 하세요.

횟수 vs 햇수

🟢 **어떤 낱말이 맞을까요?**

"햇수가 아니라 **횟수**다. 그리고 셀 것도 없데이. 3개 했으니까."

"지금까지 몇 개 했지? **햇수** 세어 봤어?"

정확한 맞춤법을 알아보아요.

여러 번 되풀이되는 차례의 수를 나타낼 때는 **횟수**라고 해요.
햇수는 해를 모두 더한 수를 말한답니다.
그러니 위 대화에서는 신비가 횟수라고 말해야 옳아요.

정답: 횟수

🌱 **예문을 살펴보아요.**

- 줄넘기 **횟수**가 많이 늘었어요.
- 이사 온 지 **햇수**로 5년 됐데이.

왼쪽 그림의 개수와 숫자를 바르게 연결해 보세요.

알쏭달쏭 맞춤법 다시 보기

1 아래 안내문에서 잘못된 맞춤법을 골라 X표를 하세요.

2 다음 중 '원아'는 누구일까요? O표를 해 보세요.

원아는 유치원에 다니는 아이예요.

3 귀신과 틀린 맞춤법을 피하고, 올바른 맞춤법을 따라 미로를 빠져나가 보세요.

2장

문해력 UP! 자주 쓰는 한자어

우리나라 말에는 한자로
이루어진 낱말이 많아요.

한자어를 알면 낱말 뜻을
금세 이해할 수 있어요.

가족과 함께해요

한자어를 알아보아요.

집 **가** 겨레 **족**

우리 **가족**은 네 명이야.

한자 뜻을 알아보아요.

가족은 부부나 부모 자식, 형제 자매인 사람들을 말해요.
비슷한 낱말로는 '식구(食口)'가 있어요.

가족과 관련된 한자

父 母 兄 弟
아비 **부** 어미 **모** 형 **형** 아우 **제**

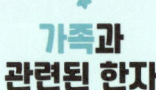

낱말 풀이

식구 한 집안에서 함께 사는 사람.

형제 형과 아우. 또는 형제, 자매, 남매를 모두 이르는 말.

1. 하리네 가족이 모여 있어요.
그림에서 보기의 물건을 찾아 O표를 해 보세요.

보기 숟가락, 밥그릇, 베개, 연필, 가방

2. 다음 낱말을 큰 소리로 읽으면서 써 보세요.

가	족	사	고

국민은 나라의 주인이에요

😊 한자어를 알아보아요.

國 나라 국

民 백성 민

어린이도 대한민국 **국민**이야.

한자 뜻을 알아보아요.

국민은 한 나라를 이루는 사람. 또는 그 나라 국적을 가진 사람이에요.

국민과 관련된 한자

大 클 대　韓 나라 한　民 백성 민　國 나라 국

🌟 낱말 풀이

백성 국민의 옛말.

어느 나라 국기일까요? 선으로 이어 보세요.

금색이 번쩍번쩍

한자어를 알아보아요.

金 쇠 금
色 빛 색

1등 메달은 **금색**이야.

한자 뜻을 알아보아요.

금색은 황금과 같이 누렇게 빛나는 색이에요.

색깔과 관련된 한자

青 푸를 청
白 흰 백
黑 검을 흑
黃 누를 황

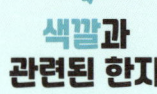

낱말 풀이

누를, 누르다 황금이나 놋쇠 빛깔처럼 조금 밝으면서 탁한 색.

색깔에 맞는 색 이름을 찾아 선으로 이어 보세요.

남북으로 갈라진 나라

👀 **한자어를 알아보아요.**

통일은 언제 될까?

대한민국은 **남북**으로 나뉘어 있어.

한자 뜻을 알아보아요.

南 北

남녘 **남**   북녘 **북**

남북은 남쪽과 북쪽을 아우르는 말이에요.

낱말 풀이

통일 갈라진 여럿을 다시 하나로 만드는 것.

우리나라 태극기를 색칠하고 글씨도 써 보세요.

태극기는 우리나라 국기예요. 모서리에 있는 네 개의 검정색 막대는 '괘'라고 부르며 하늘, 땅, 물, 불을 상징해요. 가운데 태극 문양은 음(파랑)과 양(빨강)의 조화를 나타내지요.

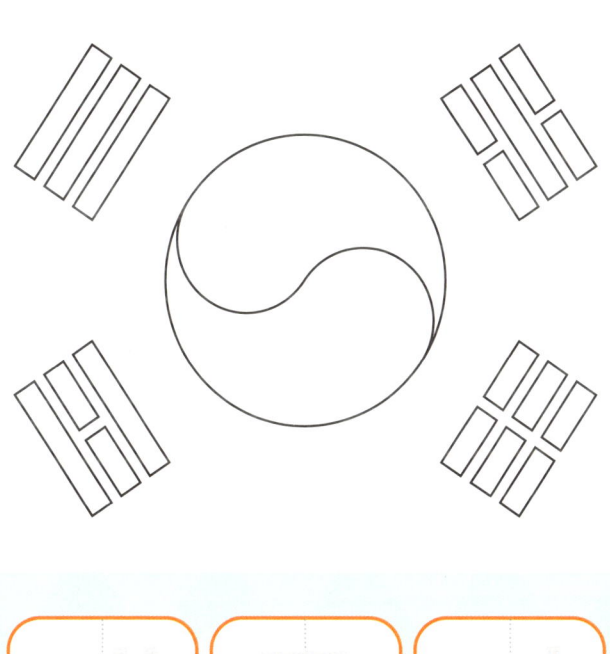

노인을 공경해요

😊 한자어를 알아보아요.

한자 뜻을 알아보아요.

老 人

늙을 **노**　　사람 **인**

노인은 나이가 들어 늙은 사람, 할아버지나 할머니를 말해요.

낱말 풀이

공경 윗사람을 공손하게 받들고 모시는 것.

할머니에게 맛있는 김치를 갖다 드려야 해요.
길을 따라가고, 글씨도 써 보세요.

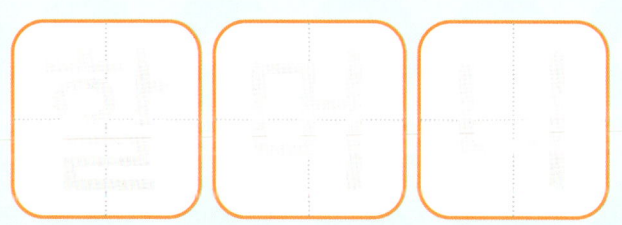

대문을 열어라

한자어를 알아보아요.

大 큰 대
門 문 문

대문을 열어라!

한자 뜻을 알아보아요.

대문은 큰 문, 한 집에서 가장 중요한 출입문을 말해요.

대문과 관련된 한자

出 날 출
入 들 입
門 문 문

낱말 풀이

출입문 드나드는 문.

대문 뒤에 어떤 귀신이 숨어 있을까요?
대문 뒤에 숨은 귀신의 그림자를 보고 선으로 이어 보세요.

만물은 신비로워요

한자어를 알아보아요.

한자 뜻을 알아보아요.

萬 物

일 만 **만**   물건 **물**

만물은 세상에 있는 모든 것이에요.

예문을 살펴보아요.

 우주의 **만물**이 신비로워요.

동그란 우주 행성을 따라 점선을 그어 보세요.

목수는 나무를 다뤄요

한자어를 알아보아요.

木 나무 목

手 손 수

한자 뜻을 알아보아요.

목수는 나무를 다루어 가구나 집을 만드는 사람이에요.

목수와 관련된 한자

木工 나무 목 · 장인 공

土木 흙 토 · 나무 목

낱말 풀이

목공 나무를 다루어 물건을 만드는 일.

토목 흙과 나무를 이르는 말.

목수에게 필요한 도구가 아닌 것을 골라 O표를 해 보세요.

톱

망치

드라이버

청진기

바이올린을 연주하려면 활이 필요해.

위의 도구 중 하나는 의사가 쓰는 거야.

105

부모님께 효도해요

한자어를 알아보아요.

父 아버지 **부**

母 어머니 **모**

부모님께 효도할 거야.

한자 뜻을 알아보아요.

부모는 아버지와 어머니를 이르는 말이에요.

부모와 관련된 한자

子 아들 **자**　**女** 여자 **녀(여)**

孝 효도 **효**　**道** 길 **도**

낱말 풀이

자녀 아들과 딸을 아울러 이르는 말.

효도 부모를 잘 섬기는 도리.

새끼 동물과 어미를 선으로 이어 보세요.

사자성어

사면초가에 빠지다

😊 **사자성어를 알아보아요.**

四	面	楚	歌
넉 **사**	낯 **면**	초나라 **초**	노래 **가**

사자성어 뜻을 알아보아요.

사면초가는 사방에서 초나라 노래가 들린다는 뜻으로, 아무한테도 도움을 받지 못하는 곤란한 상황을 나타내요.

🔖 **낱말 풀이**

사자성어 한자 네 자로 이루어진 성어로 교훈이나 유래를 담고 있다.
성어 옛사람들이 만든 말.

① 그림에서 보기의 물건을 찾아 O표를 해 보세요.

보기 열쇠, 핸드폰, 휴지, 양말, 의자

② 위 그림에서 사면초가에 빠진 두리에게 필요한 것은 무엇일까요? O표를 하세요.

1. 양말
2. 고스트볼
3. 시계

사촌을 만나요

한자어를 알아보아요.

四	寸
넉 **사**	마디 **촌**

이번 방학 때 **사촌** 동생을 만나러 가.

한자 뜻을 알아보아요.

사촌은 부모님의 형제 자매가 낳은 자녀와 나의 관계예요.

사촌과 관련된 한자

三寸 — 석 **삼**, 마디 **촌**

姨母 — 이모 **이**, 어미 **모**

낱말 풀이

삼촌 아버지의 친형제.
이모 어머니의 자매.

현우가 사촌 집에 무사히 놀러 갈 수 있도록 귀신을 피해 길을 찾아가 보세요.

사자성어

삼삼오오 모여 놀아요

🟡 사자성어를 알아보아요.

三	三	五	五
석 **삼**	석 **삼**	다섯 **오**	다섯 **오**

사자성어 뜻을 알아보아요.

삼삼오오는 서너(3~4) 사람 또는 대여섯(5~6) 사람이 떼를 지어 다니거나 무슨 일을 하는 것, 그런 모습을 뜻해요.

예문을 살펴보아요.

친구들끼리 **삼삼오오** 모여 이야기해요.

보기와 아래 그림을 잘 보고 아래 그림에서 보기에 없는 귀신을 찾아 O표를 해 보세요.

보기

선생님께 배워요

👀 한자어를 알아보아요.

준비물을 알려 줄 테니, 챙겨 오세요.

선생님! 언제까지 가져와요?

한자 뜻을 알아보아요.

先生

먼저 **선**   날 **생**

선생은 유치원이나 학교 등에서 학생을 가르치는 사람이에요.

낱말 풀이

준비물 미리 마련해서 갖추어 놓는 물건.
학교 학생을 가르치는 곳.

그림과 맞는 낱말을 찾아 선으로 이어 보세요.

일기를 써요

😊 한자어를 알아보아요.

한자 뜻을 알아보아요.

日 記

날 **일**   기록할 **기**

일기는 날마다 있었던 일이나 느낌을 글이나 그림으로 남기는 거예요.

예문을 살펴보아요.

 날마다 **일기**를 쓰면 글쓰기 실력이 좋아져요.

다음 일기에서 틀린 글자를 바르게 고쳐 써 보세요.

2023년 4월 28일
제목 : 소풍 가는 날

	신	비	,	금	비	와		소	풍
을		갔	다	.	게	미	와		벌
래	도		보	았	다	.	다	음	에
	또		가	고		싶	다	.	

한자어

입학해요

😀 한자어를 알아보아요.

들 **입**

배울 **학**

입학한 후배들아, 반가워.

한자 뜻을 알아보아요.

입학은 학생이 되어 공부하기 위해 학교에 들어가는 거예요.

입학과 관련된 한자

卒業
마칠 **졸** 업 **업**

學生
배울 **학** 날 **생**

낱말 풀이

졸업 학생이 학교에서 과정을 다 마치고 나오는 것.
학생 학교에 다니며 공부하는 사람.

리온이가 학교에 무사히 갈 수 있도록 길을 찾아가 보세요.

주인은 나예요

한자어를 알아보아요.

主	人
주인 **주**	사람 **인**

이 고스트볼 **주인**은 나야.

한자 뜻을 알아보아요.

주인은 어떤 것을 자기 것으로 가진 사람이에요.

주인과 관련된 한자

民　主　主　義
백성 **민**　주인 **주**　주인 **주**　옳을 **의**

낱말 풀이

민주주의 국민이 나라의 주인이 되고 국민 뜻에 따라 나라를 다스리는 정치 제도나 생각.

물건의 주인은 누구일까요? 점선을 따라 선을 그어 보세요.

한자어

족구를 해요

👀 한자어를 알아보아요.

한자 뜻을 알아보아요.

발 족 공 구

족구는 발로 공을 차서 네트(중앙의 그물)를 넘겨 승부를 겨루는 운동이에요. 배구와 규칙이 비슷하지요.

낱말 풀이

배구 네트를 사이에 두고 두 팀으로 나누어 공을 떨어뜨리지 않고 손으로 공을 상대편에 넘기는 운동.

부족(不足) 필요한 양이나 기준에 미치지 못함.

어느 운동에 쓰이는 공일까요? 사다리를 타고 내려가서 운동 이름을 확인해 보세요.

전후를 살펴요

한자어를 알아보아요.

前	後
앞 **전**	뒤 **후**

밤길을 다닐 때는 **전후** 좌우를 살펴야 해.

한자 뜻을 알아보아요.

전후는 앞과 뒤, 먼저와 나중을 이르는 낱말이에요.

전후와 관련된 한자

左右
왼쪽 **좌**   오른쪽 **우**

後門
뒤 **후**   문 **문**

낱말 풀이

좌우 왼쪽과 오른쪽.

후문 뒤나 옆으로 난 문.

전후, 좌우를 살피며 1부터 20까지 순서대로 가 보세요.

사자성어

청산유수처럼 말을 잘해요

🙂 사자성어를 알아보아요.

저를 반장으로 뽑아 준다면, 무엇이든 열심히 하겠습니다.

말이 청산유수구나.

青	山	流	水
푸를 **청**	메 **산**	흐를 **유**	물 **수**

사자성어 뜻을 알아보아요.

청산유수는 푸른 산에 흐르는 맑은 물을 나타내며, 말을 막힘없이 잘한다는 뜻이에요.

예문을 살펴보아요.

 하리는 **청산유수** 같은 말솜씨를 지녔어요.

배가 물결을 따라 흘러가요. 물결 점선을 따라 선을 그어 보세요.

태양은 스스로 빛나요

한자어

한자어를 알아보아요.

- 해왕성 海王星
- 천왕성 天王星
- 목성 木星
- 지구 地球
- 수성 水星
- 화성 火星
- 토성 土星
- 금성 金星
- 태양 太陽

태양 빛은 너무 뜨거워서 선크림을 잘 발라야 해.

한자 뜻을 알아보아요.

太陽

클 **태**   볕 **양**

태양은 태양계 한가운데 있으면서 스스로 빛을 내는 큰 별이에요.

낱말 풀이

태양계 태양과 태양 둘레를 도는 별 무리. 수성, 금성, 지구, 화성, 목성, 토성, 천왕성, 해왕성, 위성 등으로 이루어져 있다.

태양 빛이 나무에 내리쬐고 있어요. 태양 빛 점선을 그어 보세요.

하수를 정화해야 강이 깨끗해요

🙂 한자어를 알아보아요.

아래 **하**

물 **수**

한자 뜻을 알아보아요.

하수는 땅에 스며드는 빗물, 또는 사람들이 쓰고 버린 물이에요.

하수와 관련된 한자

上 水
윗 **상**   물 **수**

地 下
땅 **지**   아래 **하**

낱말 풀이

상수 음료나 생활수로 쓰기 위해 수도관을 통해 보내는 맑은 물.
지하 땅속 또는 땅속을 파고 만든 공간.

물고기가 깨끗한 물로 되돌아갈 수 있게 미로를 따라가 보세요.

자주 쓰는 한자어 다시 보기

1 한자와 한글을 바르게 선으로 이어 보세요.

金色　★　　★ 일기

日記　★　　★ 금색

下水　★　　★ 하수

2 사다리를 타고 내려가 한글에 맞는 한자를 써 보세요.

3장

문해력 UP!
알고 보면 웃게 되는 관용어

관용어는 두 개 이상의 낱말로 이루어져 있지만 낱말만으로는 뜻을 이해할 수 없어요. 하지만 속뜻을 알고 나면 왜 그런 뜻으로 쓰이는지 웃으며 이해하게 돼요.

간 떨어지다

 관용어를 알아보아요.

관용어 뜻을 알아보아요.

간 떨어지다

우리 몸에서 기분에 가장 예민하게 반응하는 곳이 간이에요. 갑자기 너무 놀라면 무언가 쿵 내려앉는 기분이 들지요? 이럴 때 '간 떨어질 뻔하다'라고 말해요.

✦ 비슷한 관용어 ✦

간이 철렁하다

몹시 놀라 충격을 받을 때 쓰는 말이에요.

아이스크림이 녹기 전에 미로를 빠져나가 보세요.

골탕 먹다

🦉 **관용어를 알아보아요.**

관용어 뜻을 알아보아요.

골탕 먹다

골탕은 한꺼번에 당하는 손해나 곤란함을 말해요.
그래서 다른 사람에게 손해를 끼칠 때는 '골탕을 먹이다',
반대로 자신이 큰 손해를 입었을 때는 '골탕 먹다'라고 하지요.

예문을 살펴보아요.

 주비 때문에 **골탕을 먹었어요.**

1 맛있는 빵을 먹게 될 귀신은 누구일까요? O표를 해 보세요.

2 장난을 쳐서 골탕 먹인 친구한테 뭐라고 말해야 할까요? 아래 문장을 큰 소리로 읽으면서 써 보세요.

| 미 | 안 | 해 | . |

관용어

깨가 쏟아지다

😊 관용어를 알아보아요.

관용어 뜻을 알아보아요.

깨가 쏟아지다

몹시 아기자기하고 재미가 나는 모습이나 상황을 말할 때 '깨가 쏟아지다'라고 해요.

낱말 풀이

고생 어렵고 고된 일을 겪음. 또는 그런 일이나 생활.
아기자기 여러 가지가 오밀조밀 어울려 예쁜 모양.
또는 잔재미가 있고 즐거운 모양.

○ 열기구 풍선 안에 있는 귀신과 물건을 세어 보고 각각의 수를 아래 빈칸에 쓰세요.

눈 깜짝할 사이 / 눈 똑바로 뜨다

관용어를 알아보아요.

관용어 뜻을 알아보아요.

눈 깜짝할 사이
눈을 한 번 감았다 뜨는 데 1초도 걸리지 않아요.
그만큼 아주 짧은 순간이라는 뜻이에요.

눈 똑바로 뜨다
눈 깜짝할 사이에 무슨 일이 생기듯, 어떤 일을 할 때
정신을 차리고 주의를 기울이라는 뜻이에요.

우리 몸과 관련된 관용어가 있어요. 선을 따라가서 어떤 관용어가 있는지 알아보세요.

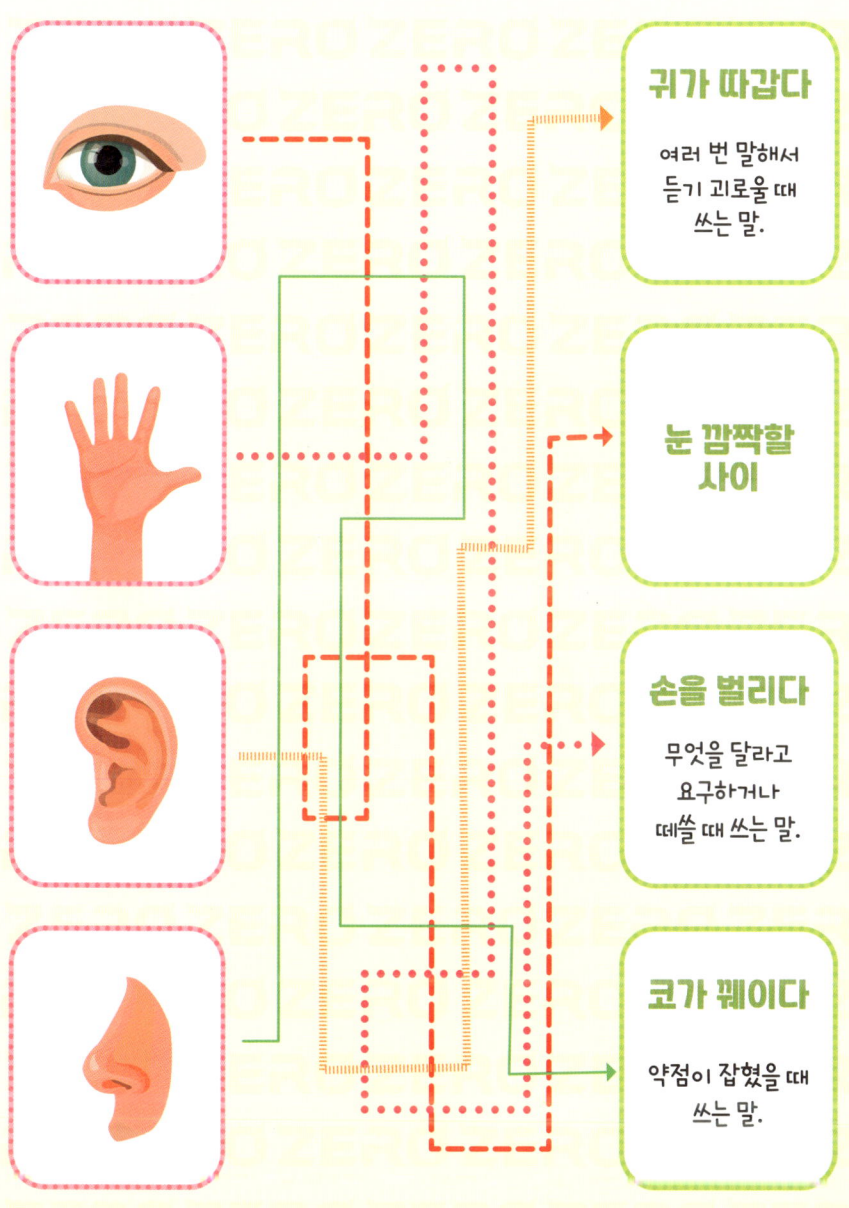

관용어

눈이 높다

🐦 관용어를 알아보아요.

이번에 새로 나온 화장품 샀어. 엄청 비싸.

너무 눈이 높은 거 아니야?

관용어 뜻을 알아보아요.

눈이 높다

눈은 물건이나 어떤 모습을 판단할 때 꼭 필요해요. 그만큼 좋은 것을 볼 줄 아는 사람에게 '눈이 높다'라고 하시요. 또는 사기 형편은 생각하지 않은 채, 너무 좋은 것만 찾는 사람을 말할 때 쓰기도 해요.

✦ 반대되는 관용어 ✦

눈이 낮다

보는 수준이 낮다는 뜻이에요.

누구의 눈일까요? 선으로 이어 보세요.

관용어

뜨거운 맛을 보다

관용어를 알아보아요.

관용어 뜻을 알아보아요.

뜨거운 맛을 보다

뜨거운 물이나 음식을 갑자기 먹으면 입을 데어요.
이처럼 섣부르게 덤벼들어 호된 아픔이나 어려움을 겪는 상황을 나타내요.

낱말 풀이

데다 불이나 뜨거운 기운에 살이 상하다.
호되다 매우 심하다.

지접귀가 미로를 빠져나가 종이를 가질 수 있게 길을 따라가 보세요.

관용어

머리를 맞대다

🔍 **관용어를 알아보아요.**

관용어 뜻을 알아보아요.

머리를 맞대다

어떤 일을 결정할 때 혼자보다는 여럿이 함께하면 더 좋은 의견이 나올 수 있어요. 여러 사람이 가까이 모여 의논하는 모습을 나타낸 말이에요.

보기 그림과 똑같은 그림자를 찾아 O표를 해 보세요.

물불을 가리지 않다

친구 또는 형제자매와 누가 더 빨리 미로를 탈출하는지 겨뤄 보세요.

두리 팀

힘내래이.

파이팅!

관용어 뜻을 알아보아요.

물불을 가리지 않다

위험이나 곤란을 가리지 않고 막무가내로 행동한다는 뜻이에요.

발이 넓다

🦉 **관용어를 알아보아요.**

어떻게 하면 너처럼 **발이 넓어**질 수 있어?

뭐지? 발 크다고 놀리는 건가?

관용어 뜻을 알아보아요.

발이 넓다

아는 사람이 많고 다양해서 그만큼 활동하는 테두리가 넓다는 뜻이에요.

우리 누나 발 큰 거 어떻게 알았지?

보기에 있는 색깔 순서대로 발자국을 따라가 보세요.

손꼽아 기다리다

관용어를 알아보아요.

08 AUGUST

일	월	화	수	목	금	토
			1	2	3	4
	7	8	9	10	11	12
		15	16	17		
	22	23	24			
	29	30	31			

나는 둘째 주 화요일에 여행 가!

17일 다음 날은 **손꼽아 기다리던** 내 생일!

① 리온이가 여행 가는 날짜에 O표를 하세요.

| 1 | 1일 | 2 | 7일 | 3 | 8일 | 4 | 15일 |

② 큐피드데빌의 생일은 무슨 요일일까요? O표를 하세요.

| 1 | 목요일 | 2 | 수요일 | 3 | 토요일 | 4 | 금요일 |

관용어 뜻을 알아보아요.

손꼽아 기다리다

기대에 차 있거나 안타까운 마음으로 날짜를 꼽으며 기다리는 모습을 나타내요.

○ 초대장에 적힌 글씨를 따라 쓰고 그림을 색칠해 보세요.

손이 크다

관용어를 알아보아요.

"내 생일 파티에 와 줘서 고마워."

"이렇게나 음식을 많이 준비하다니! 너는 **손이 크구나!**"

관용어 뜻을 알아보아요.

손이 크다

손이 크면 잡을 수 있는 물건도 많아요.
그만큼 돈이나 물건을 쓰는 씀씀이가 크고 후하다는 뜻이에요.

예문을 살펴보아요.

우리 엄마는 **손이 커서** 음식을 많이 차리셔.

보기 그림을 보고 아래 그림에서 다른 곳 5군데를 찾아보세요.

보기

관용어

어깨가 무겁다

🔍 관용어를 알아보아요.

관용어 뜻을 알아보아요.

어깨가 무겁다

중요한 일을 맡게 되어 무거운 책임감이 어깨를 짓누르는 것처럼 느껴질 때 쓰는 말이에요.

그림자를 찾아 선으로 이어 보세요.

관용어

엉덩이가 근질근질하다

🦉 **관용어를 알아보아요.**

엄마, 이제 공부 그만 해도 되죠?

엉덩이가 근질근질하니?

공부한 지 5분밖에 안 됐어.

관용어 뜻을 알아보아요.

엉덩이가 근질근질하다

엉덩이가 간지러우면 오래 앉아 있기 힘들어요. 그래서 자꾸 일어나 움직이고 싶어져요. 이처럼 한군데 가만히 앉아 집중하지 못하는 모습을 나타내는 말이에요.

✦ 반대되는 관용어 ✦

엉덩이가 무겁다

엉덩이가 무거우면 잘 못 일어나겠죠? 그만큼 한번 자리잡고 앉으면 좀처럼 일어나지 않고 집중한다는 뜻이에요.

공부를 잘하려면 엉덩이가 무거워야 해.

각 낱말 뒤에 어떤 관용어가 올까요? 어울리는 낱말로 가면 고스트볼, 어울리지 않는 낱말로 가면 귀신이 있어요.

찬물을 끼얹다

관용어를 알아보아요.

관용어 뜻을 알아보아요.

찬물을 끼얹다

잘되어 가고 있는 일에 끼어들어 분위기를 흐리거나, 괜히 트집을 잡는 모습을 나타내는 말이에요.

점선을 그어 비를 표현해 보세요.

코가 높다 / 코가 납작해지다

😊 관용어를 알아보아요.

"난 너무 예쁘고 인기도 많은 것 같아."

"코가 높구나!"

"코를 납작하게 만들어 주지!"

🌟 관용어 뜻을 알아보아요.

코가 높다

코는 얼굴 중에서 가장 우뚝 솟아 있어요. 만약 사람이 우뚝 솟은 코처럼 높은 위치에 있다면 우쭐해질 수 있지요. 이처럼 잘난 체하고 뽐내는 사람을 표현할 때 쓰는 말이에요.

✱ 반대되는 관용어 ✱

코가 납작해지다

우뚝 솟아 있어야 할 코가 납작해지면 우스워 보이겠지요? 몹시 무안하거나 기가 죽었을 때 쓰는 말이에요.

"내 코는 원래 납작한데!"

그림에서 친구들이 각각 몇 명인지 세어 써 보세요.

관용어

풀이 죽다

🔍 관용어를 알아보아요.

관용어 뜻을 알아보아요.

풀이 죽다

쌀이나 밀가루를 물에 풀어서 끓인 다음 끈적하게 만든 것을 '풀'이라고 해요. 옛날에는 옷에 풀을 바른 다음 말려서 빳빳하게 만들었어요. 하지만 시간이 지나면 풀기가 빠져 원래대로 돌아가지요. 이처럼 처음에는 한껏 씩씩했다가 다시 기운 없는 모습을 나타내는 말이에요.

① 귀여운 토끼가 토끼풀을 먹을 수 있도록 길을 찾아가 보세요.

② 풀이 죽어 보이는 친구에게 해 주면 좋은 말은 무엇일까요? 가장 어울리는 말에 O표를 해 보세요.

1 고마워.

2 미안해.

3 하하하!

4 기운 내.

관용어

한 귀로 흘리다

관용어를 알아보아요.

관용어 뜻을 알아보아요.

한 귀로 흘리다

이야기를 한쪽 귀로 듣고 반대쪽 귀로 흘려보내는 모습을 나타내요. 그만큼 다른 사람 이야기를 듣고도 새겨듣지 않고 무시한다는 뜻이에요.

예문을 살펴보아요.

 부모님의 말씀을 **한 귀로 흘리면** 나중에 후회할지도 몰라.

이를 깨끗이 닦지 않으면 충치가 생겨요.
충치를 만나게 될 길은 몇 번일까요? O표를 해 보세요.

알고 보면 웃게 되는 관용어 다시 보기

1 그림의 대화에서 빈칸에 어울리는 낱말에 O표를 하세요.

와~, 너 정말 ( )이 크구나!

널 위해 준비했어. 많이 먹어.

| 1 코 | 2 손 | 3 입 | 4 발 |

2 기대에 차서 날짜를 꼽으며 기다리는 말을 따라 써 보세요.

둘째 주 화요일에 여행 가!

손꼽아
기다리다.

3 위아래 그림을 보고 다른 곳 5군데를 찾아 O표를 해 보세요.

문해력 UP!
교과서에 나오는 속담

속담에는 조상의 지혜와 교훈이 담겨 있어요. 또 조상들의 생활과 생각을 알 수 있지요. 재미와 재치가 담긴 우리나라 속담을 통해 지혜와 어휘력을 풍부하게 만들어 보세요.

가는 말이 고와야 오는 말이 곱다

속담을 알아보아요.

강림이 너는 운동도 잘하고, 멋있어.

고마워. 너도 멋있어.

역시, **가는 말이 고와야 오는 말도 곱다**니까.

속담 뜻을 알아보아요.

가는 말이 고와야 오는 말이 곱다

내가 다른 사람한테 말이나 행동을 좋게 해야 다른 사람도 나에게 좋게 대한다는 말이에요.

✦ 비슷한 속담 ✦

가는 떡이 커야 오는 떡이 크다

가는 정이 있어야 오는 정이 있다

친구들한테 먼저 친절하게 대해 봐!

강림이가 리온이에게 전할 말이 있대요.
길을 가면서 글씨를 따라 쓰고 리온이를 만나 보세요.

개똥도 약에 쓰려면 없다

🔸 **속담을 알아보아요.**

🔸 **속담 뜻을 알아보아요.**

개똥도 약에 쓰려면 없다

옛날에는 개똥을 길에서 흔히 볼 수 있었어요. 그런데 막상 개똥을 찾으려고 하면 눈에 잘 띄지 않지요. 평소에 흔한 것도 정작 중요할 때 찾으면 없다는 뜻이에요.

✶ **비슷한 속담** ✶

까마귀 똥도 약에 쓰려면 오백 냥이라

① 하리가 똥을 피해 무사히 빠져나갈 수 있도록 길을 찾아보세요.

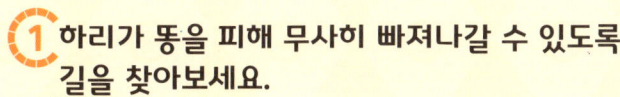

② 빈칸에 들어갈 말에 O표를 해 보세요.

개똥도 ▭ 에 쓰려면 없다.

연   양   약

# 낮말은 새가 듣고 밤말은 쥐가 듣는다

 속담을 알아보아요.

"큐피드데빌은 성격이 정말 이상해."

"낮말은 새가 듣고 밤말은 쥐가 들어. 조심해."

"빨간마스크가 내 흉을 보잖아?"

속담 뜻을 알아보아요.

낮말은 새가 듣고 밤말은 쥐가 듣는다

언제 어디시든 듣는 귀가 있으니 아무도 없는 것 같더라도 늘 말조심하라는 뜻이에요.

✽ 비슷한 속담 ✽

벽에도 귀가 있다

위아래 그림을 보고 다른 곳 5군데를 찾아 O표를 해 보세요.

누워서 침 뱉기

🙋 속담을 알아보아요.

🙋 속담 뜻을 알아보아요.

누워서 침 뱉기

누워서 침을 뱉으면 결국 자기 얼굴에 떨어져요.
남한테 나쁘게 대하면, 결국 자기가 피해를 입게 된다는 뜻이에요.

낱말 풀이

피해 몸이나 재산 따위에 손해를 입는 것.

속담을 큰 소리로 읽으면서 따라 써 보세요.

가는 말이 고와야
오는 말이 곱다

개똥도 약에
쓰려면 없다

누워서
침 뱉기

도토리 키 재기

속담을 알아보아요.

내가 더 커!

내가 더 크데이!

뭐 해? 도토리 키 재는 거야?

속담 뜻을 알아보아요.

도토리 키 재기

도토리 크기는 비슷비슷해요. 그러니 도토리 크기를 재어 보는 것은 하나 마나 한 일이지요. 이처럼 정도가 고만고만한 사람끼리 서로가 더 낫다며 다투는 모습을 나타낸 말이에요.

✱ 반대되는 속담 ✱

길고 짧은 것은 대어 보아야 안다

길고 짧고, 잘하고 못하는 것은 실제로 대 보거나 직접 겪어 보아야 알 수 있다는 말이에요.

어떤 동물의 발자국일까요? 선으로 이어 보세요.

오리　　고양이　　코끼리

미운 아이 떡 하나 더 준다

🔸 속담을 알아보아요.

속담 뜻을 알아보아요.

미운 아이 떡 하나 더 준다

미운 사람일수록 마음에 담지 말고 잘해 주어야 엇나가지 않는다는 말이에요.

○ 보기의 순서대로 떡이 놓여진 길을 따라가 보세요.

방귀 뀐 사람이 성낸다

속담을 알아보아요.

어디서 방귀 냄새가 나네? 누가 뀐 거야!

방귀 뀐 사람이 성낸다더니!

속담 뜻을 알아보아요.

방귀 뀐 사람이 성낸다

자기가 방귀를 뀌고 오히려 다른 사람에게 화낸다는 말이에요. 잘못을 저지른 사람이 도리어 남에게 잘못을 뒤집어씌우거나, 잡아떼는 모습을 나타내지요.

★ '방귀'가 들어가는 속담 ★

방귀가 잦으면 똥 싸기 쉽다
어떤 일과 관련된 징조가 자주 나타나면, 반드시 그 일이 벌어진다는 뜻이에요.

방귀 냄새가 여기까지 나….

방귀 자라 똥 된다
처음에는 대단하지 않았던 일도 가만히 두면 손댈 수 없을 만큼 말썽거리가 된다는 말이에요.

두리가 화장실에 가려고 해요. 몇 번으로 가야 화장실에 도착할 수 있을지 O표를 해 보세요.

속담

소 잃고 외양간 고친다

🔸 속담을 알아보아요.

"누가 내 소중한 꽃밭을 망가뜨렸어…."

"소 잃고 외양간 고친다더니, 진작 잘 관리하지 그랬어~!"

🔸 속담 뜻을 알아보아요.

"반대 속담으로 '넘어지기 전에 지팡이 짚다'가 있어요."

소 잃고 외양간 고친다

소나 말을 기르는 곳을 외양간이라고 해요. 소를 잘 지키려면 미리미리 외양간을 손봐야 하는데, 소를 도둑맞고 나서야 비어 있는 외양간을 고친다는 뜻이에요. 이처럼 한번 일이 잘못된 뒤에는 손을 써도 소용이 없다는 말이랍니다.

위아래 그림을 보고 다른 곳 5군데를 찾아 O표를 해 보세요.

세 살 적 버릇이 여든까지 간다

 속담을 알아보아요.

나는 손톱을 물어뜯는 버릇이 있어.

세 살 적 버릇이 여든까지 가는 법이야. 나쁜 버릇은 얼른 고쳐.

속담 뜻을 알아보아요.

세 살 적 버릇이 여든까지 간다

세 살 때 생긴 버릇이 여든 살까지 간다는 뜻이에요. 그만큼 한번 생긴 버릇은 고치기 어렵다는 말이지요. 그러니 나쁜 습관이나 버릇이 몸에 배지 않도록 조심해야 해요.

낱말 풀이

버릇 오랫동안 되풀이하여 몸에 익어 버린 행동.
여든 열의 여덟 배가 되는 수.

네모 안에 고스트볼 ZERO와 요술큐브가 몇 개인지 세어 보고 정답에 O표를 해 보세요.

우물을 파도 한 우물을 파라

🙂 속담을 알아보아요.

태권도를 배워서 금메달을 따야겠어!

아니야, 모델이 될래. 자세 연습부터 해야지.

멋진 피겨스케이팅 선수는 어때?

잠깐! 하리야, 사람은 **한 우물을 파야** 성공할 수 있어!

속담 뜻을 알아보아요.

우물을 파도 한 우물을 파라

물을 얻기 위해 여기저기 땅을 파면 힘만 빠지고 결국 물도 얻기 힘들어요. 하던 일이 안 된다고 자꾸 바꾸기보다는 한 가지 일을 꾸준하게 해야 성공한다는 뜻이에요.

✦ '우물'이 들어가는 속담 ✦

우물 안 개구리

넓은 세상을 잘 알지 못하거나, 아는 것이 많지 않으면서 잘난 체하는 사람을 표현할 때 쓰는 말이에요.

○ 글자들 가운데 직업을 나타내는 낱말 6개가 숨어 있어요. 직업을 찾아 O표를 해 보세요.

가	파	티	태	한	선
을	만	의	권	우	생
공	과	사	진	물	님
바	모	조	수	용	사
선	연	소	방	관	랑
장	습	일	차	직	장
속	신	비	청	소	부
담	경	찰	파	수	바

내 직업은 게임 개발자!

내 꿈은 나쁜 사람을 잡는 경찰!

속담

작은 고추가 더 맵다

속담을 알아보아요.

나보다 큰 귀신이 자꾸 나를 놀려서 속상해.

작은 고추가 더 매운 법! 너무 속상해 하지 마.

속담 뜻을 알아보아요.

작은 고추가 더 맵다

고추는 종류도, 크기도 여러 가지예요. 그중에서도 크기가 작은 고추가 더 매운맛을 내요. 사람도 몸집이 작은 사람이 큰 사람보다 재주도 많고 단단하고 더 굳셀 수 있다는 뜻이에요.

✦ 비슷한 속담 ✦

거미는 작아도 줄만 잘 친다

겉보기에는 작아도 자기 할 일을 알아서 잘하는 모습을 나타낼 때 쓰는 말이에요.

풍선의 숫자 순서대로 아래 빈칸에 글씨를 써 보세요.

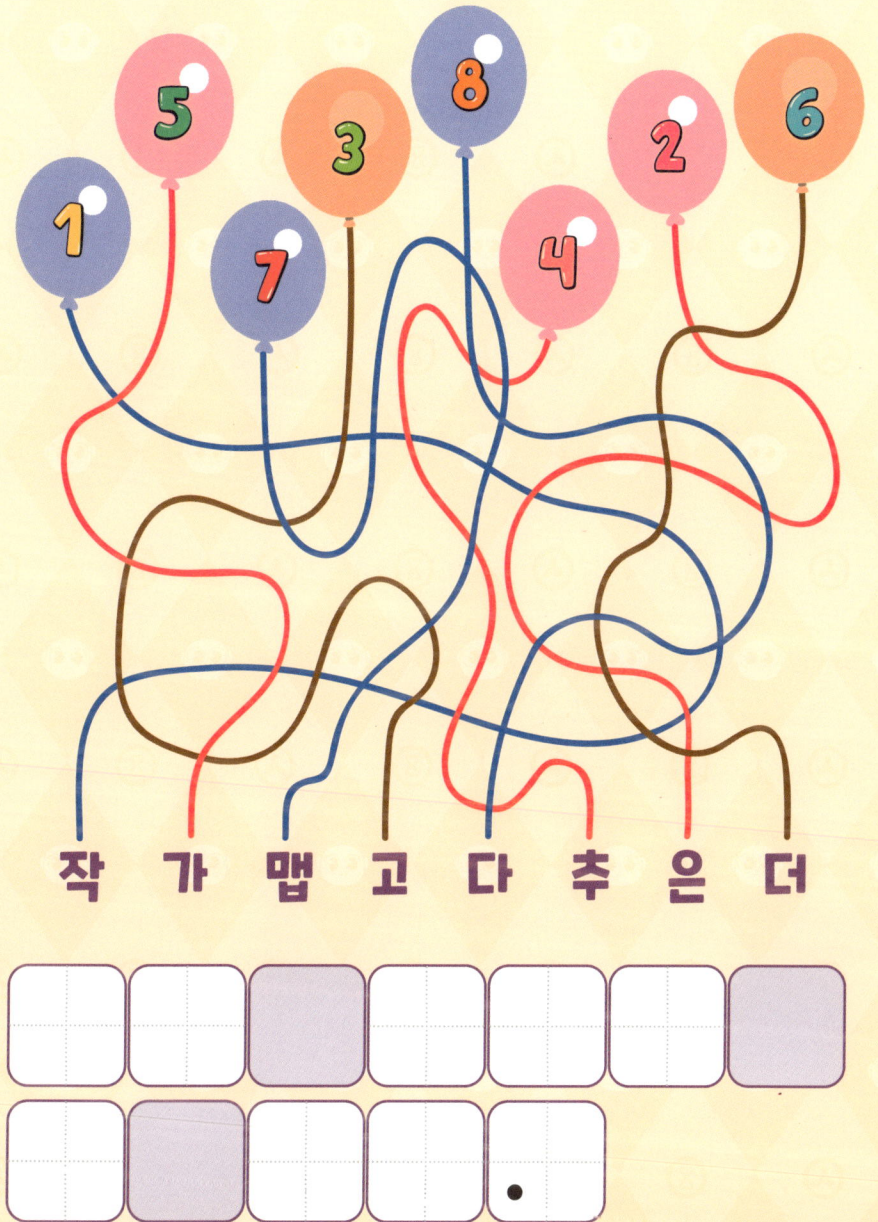

피는 물보다 진하다

 속담을 알아보아요.

속담 뜻을 알아보아요.

피는 물보다 진하다

부모와 자식, 형제자매 사이는 함께 피를 나눈 만큼 정이 깊다는 뜻이에요.

✽ 반대되는 속담 ✽

가까운 남이 먼 일가보다 낫다

이웃끼리 친하게 지내다 보면 먼 곳에 사는 친척보다 더 친해져서 서로 도우며 살게 된다는 뜻이에요.

호랑이도 제 말 하면 온다

속담을 알아보아요.

다음에 금비 만나면 혼내 줘야지!

그래, 내 여기 왔다. **호랑이도 제 말 하면 온다**는 것도 모르나?

속담 뜻을 알아보아요.

호랑이도 제 말 하면 온다

깊은 산속에 사는 호랑이도 자기 이야기를 하면 찾아온다는 뜻이에요. 그러니 그 자리에 없는 사람의 이야기를 함부로 하면 안 돼요.

* '호랑이'가 들어가는 속담 *

호랑이 없는 골에 토끼가 왕 노릇 한다

힘이 세고 뛰어난 사람이 없는 곳에서, 보잘것없는 사람이 대장처럼 행동한다는 뜻이에요.

같은 귀신 중에서 다른 부분이 있는 귀신 하나씩을 찾아 O표를 해 보세요.

교과서에 나오는 속담 다시 보기

1 빈칸에 알맞은 낱말을 써 보세요.

세 살 적 버릇이 ○○까지 간다고?

나쁜 버릇은 처음부터 들이지 않는 게 좋아.

가는 ○이 고와야 오는 말도 곱지!

한 ○○만 파서 세계 최고의 선수가 될 거야!

○는 물보다 진해!

○ 잃고 외양간 고치기 전에 미리미리 대비해야지.

2 보기의 숨은 그림 6개를 찾아 O표를 해 보세요.

5장

예비 초등학생을 위한 표현 언어

집에 있는 가족, 학교에서 만나는 친구, 동네 이웃 등 내 주변에 있는 사람들과 잘 지내려면 마음이나 생각을 잘 표현해야 해요. 날마다 쓰고 있는 말이지만 언제, 어떻게 표현하는지 함께 알아보아요.

가족 간에 지켜야 할 예절

🔹 가족 간에 지켜야 할 예절을 알아보아요.

✦ 부모님이나 어른이 나를 부르실 때

"네." 하고 대답해요.

✦ 가족 모두 함께 식사를 할 때

어른이 먼저 식사를 하면 **"잘 먹겠습니다."** 라고 인사한 다음 밥을 먹어요. 식사를 마친 뒤에는 **"잘 먹었습니다."** 라고 인사해요.

다음 상황에서 부모님께 어떻게 말해야 할까요?
바른 표현에 O표를 해 보세요.

 아빠, 내 지갑 빨리 찾아봐.

 아빠, 제 지갑 찾는 것 좀 도와주세요.

마음을 표현하는 말 ①

💬 **좋은 마음을 표현하고 싶을 때는 어떻게 말할까요?**

✿ **누군가와 친해지고 싶을 때**

"같이 놀자."
"같이 해 보자." 하고 말해 보세요.

도움이 필요한 친구나 혼자 있어서 외로워 보이는 친구한테도 말해 보세요.

✿ **고마운 일이 생겼을 때**

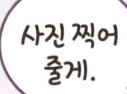

친구한테는 **"고마워."**,
어른한테는 **"고맙습니다."** 라고 말해요.

① 친구와 마주치면 어떻게 말해야 할까요? 길을 따라가 보세요.

안녕?

② 도서관에서 책 찾는 것을 도와주신 사서 선생님께 어떻게 인사해야 할까요? 바른 표현에 O표를 해 보세요.

선생님, 고맙습니다.

도와줘서 감사 감사.

마음을 표현하는 말 ②

🟣 마음을 표현할 때 용기가 필요한 말들을 알아보아요.

✦ 실수로 다른 사람을 다치게 했다면?

친구한테는 **"미안해."**,
어른한테는 **"죄송합니다."**
하고 사과해요.

✦ 나에게 미안해하거나 걱정해 주는 사람한테는?

"괜찮아." 하고 말해요.
속상한 일이 있거나 걱정이 있는 친구에게도 **"괜찮아, 걱정 마."**
라고 말해 주세요.

친구한테 사과하는 마음을 담아 요리를 만들고 있어요.
요리에 들어가는 재료 이름을 찾아 O표를 해 보세요.

사과   오이   당근   우유

고구마   가지   마늘

자두   바나나   콩   배

표현 언어

발표는 어떻게 할까요?

🗨 **자신 있게 발표하는 방법을 알아보아요.**

큐피드데빌이 발표할 게 있다고 해.

음, 저기…, 그러니까….

친구가 발표할 때는 말하는 사람을 바라보며, 끝까지 귀 기울여 들어요.

ㅋㅋㅋ. 왜 저렇게 떨지?

친구가 실수하거나 잘못하더라도 웃거나 놀리지 않아요.

제가 발표하겠습니다!

1. 발표하기 전에는 **말할 내용을 미리 정리**해요.
2. 듣는 사람이 많은 쪽을 향해 서고, 가슴을 활짝 펴요. 바른 자세로 서서 말해요. 이때 **손이나 다리는 떨지 않아요.**
3. '아, 음, 저기' 같은 군더더기 말은 빼고, **자신감 있게 말해요.**

◔ 자신의 꿈이 무엇인지 써 보고, 친구나 가족 앞에서 발표해 보세요.

제 꿈은 외교관이에요. 우리나라를 세계에 알리는 데 앞장서고 싶어요.

알림장을 써요

표현 언어

알림장에 대해 알아보아요.

알림장은 학교나 유치원에서 부모님이나 학생한테 알려야 할 내용을 적는 공책이에요.

날짜와 요일을 적어요.

선생님과 부모님께 확인을 받아요.

월	일	요일	선생님 확인	부모님 확인
1. 손수건 가져오기					
2. 바르고 고운 말 사용하기				
3. 받아쓰기 연습하기				

내용을 써요.

알림장은 왜 써요?
알림장은 유치원이나 학교에서 내 준 숙제나 준비물을 잊어버리지 않기 위해 써요. 해야 할 일이나 챙겨 와야 할 것을 알림장에 써 두었다가 집에서 챙긴 다음 유치원이나 학교로 가져가야 하지요.

알림장에는 무엇을 써요?
날짜를 쓰고, 선생님이 불러 주시거나 칠판에 쓰신 내용을 따라 써요. 다 쓴 내용은 집에 가서 부모님께 확인받아요.

○ 알림장을 따라 써 보세요.

월	일	요일	선생님 확인	부모님 확인

1. 바르게 인사하기
2. 스케치북 가져오기
3. 읽을 책 한 권 가져오기
4. 부모님 2배로 사랑해 드리기
5. 자신의 꿈은 무엇인지 발표할 내용 써 오기

인사해요

표현 언어

🙂 인사는 언제, 어떻게 할까요?

✦ 아침에 일어났을 때

아침에는 **"안녕히 주무셨어요?"**,
자기 전에는 **"안녕히 주무세요."** 하고 인사해요.

✦ 친구나 어른을 만났을 때   ✦ 헤어질 때

친구한테는
"안녕?", "잘 가!"
어른한테는
"안녕하세요?"
"안녕히 계세요."
하고 인사해요.

두리가 할머니 댁에 가려고 해요.
귀신을 피해 길을 따라가 할머니를 만나 보세요.

일기를 써요

🗨 일기는 어떻게 쓰는지 알아보아요.

언제 있었던 일인지 알 수 있도록 날짜를 써요.

날씨는 어땠는지 기록해요.

날짜: 2023년 4월 28일

제목: 꽃을 심었어요

무슨 일이 있었는지 제목을 써요.

일어난 일과 느낌을 그림으로 그리거나 글로 써요.

	봄	이		되	어	서
마	당	에		꽃	을	
심	었	다	.	꽃	을	
보	니		마	음	도	
꽃	밭	이	다	.		

오늘 있었던 일을 그림일기로 써 보세요.

날짜: 년   월   일

제목:

표현 언어

자기소개를 해 보아요

자기소개는 왜 해야 할까요?

자기소개는 나를 잘 모르거나 처음 만난 사람에게 내가 어떤 사람인지 소개하는 거예요.
그러니 자기소개를 하려면 스스로 어떤 아이인지 생각해 보는 시간을 가져야 해요.

무엇을 소개해야 하는지 알아보아요.

아빠는 외국인이고, 엄마는 한국인이야. 그래서 생김새도 머리 색깔도 너희와 다르지.

② 가족 관계, 좋아하는 것, 취미, 앞으로의 목표 등 어떤 내용을 소개하고 싶은지 정해요. 시간이 충분하다면 여러 가지를 소개할 수도 있어요.

안녕? 나는 별빛초등학교 5학년 리온이야.

앞으로 너희와 잘 지내고 싶어.

① 이름, 나이, 유치원이나 학교 등을 말해요.

③ 이야기를 마무리 하거나 인사해요.

바르게 글씨를 써요

글씨를 쓸 때는 바른 자세로 앉아서 써요.
글자 모양을 바르게 쓰려면 순서에 맞게 쓰고,
꾸준히 연습해야 해요.

◐ 순서에 맞게 자음을 써 보세요. ✏️

기역				이응			
니은				지읒			
디귿				치읓			
리을				키읔			
미음				티읕			
비읍				피읖			
시옷				히읗			

순서에 맞게 모음을 써 보세요.

아				요			
야				우			
어				유			
여				으			
오				이			

문장 부호를 알아보아요.

문장 부호란 문장을 구별해서 읽고, 글 쓴 사람의 생각을 잘 전달할 수 있도록 돕는 부호예요.

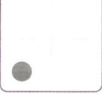 **마침표(온점)**
문장 끝에 쓰여 문장을 끝내는 역할을 해요.

 **쉼표(반점)**
같은 낱말을 늘어놓을 때나 끊어 읽을 곳에 표시해요.

 **느낌표**
감탄하는 문장이나, 누군가를 부르는 문장 끝에 써요.

? **물음표**
물어보는 문장 끝에 써요.

 큰따옴표
글에서 대화를 표시할 때 써요.

1장 올바른 맞춤법 정답

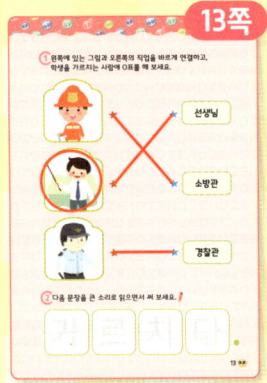

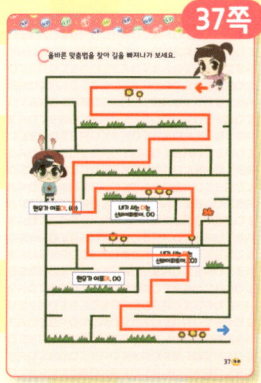
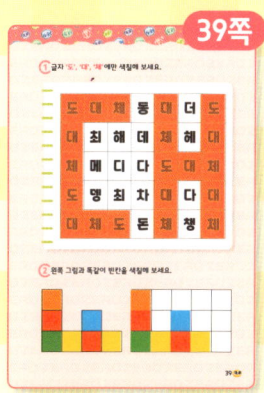

1장 올바른 맞춤법 정답

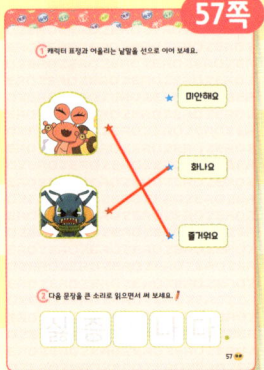

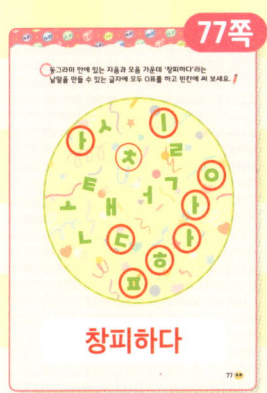

2장 자주 쓰는 한자어 정답

91쪽

93쪽
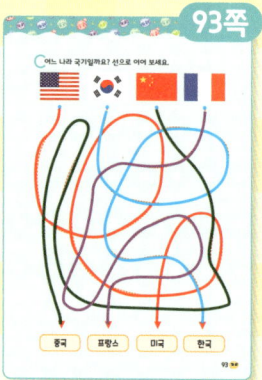

95쪽
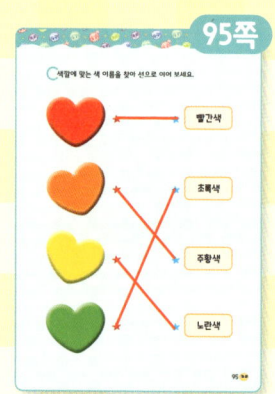

99쪽

101쪽

105쪽

107쪽

109쪽

111쪽

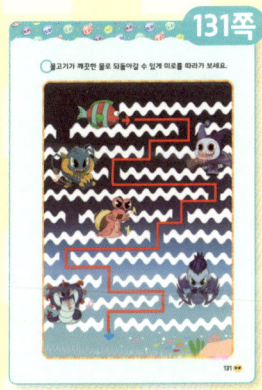

3장 알고 보면 웃게 되는 관용어 정답

137쪽

139쪽

141쪽

143쪽
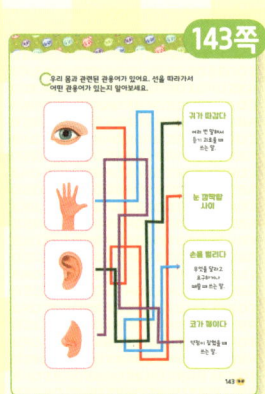

145쪽
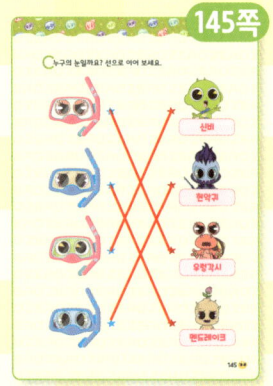

147쪽

149쪽

150쪽

151쪽

4장 교과서에 나오는 속담 정답

171쪽

175쪽

177쪽

179쪽

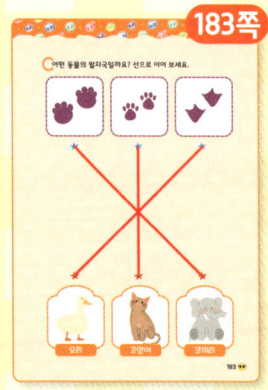

183쪽

185쪽

187쪽

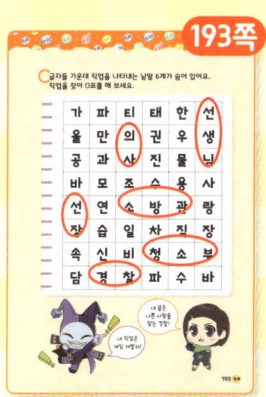
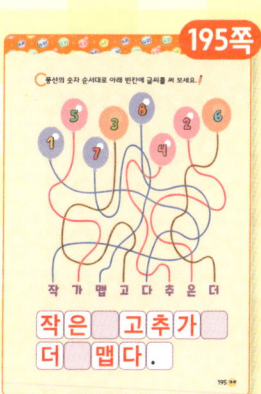

5장 예비 초등학생을 위한 표현 언어 정답

✦ 출간 기념 이벤트 ✦

Quiz
하리와 두리 중 맞춤법을
바르게 사용한 사람은 누구일까요?

오늘부터 **열심이** 공부할 거예요.

오늘부터 **열심히** 공부할 거예요.

두리

하리

▶ **참여 방법**
① 오른쪽 QR 코드를 스마트폰의 QR 코드 리더기로 스캔하기
② QR 코드 스캔 후, 링크로 접속하여 <신비아파트 고스트볼 ZERO 국어 놀이 사전> 이벤트 참여하기
③ 이벤트 응모 정보를 꼼꼼하게 적어 제출하기

▶ **이벤트 기간**
2023년 4월 28일 ~ 2023년 6월 9일

▶ **당첨자 발표**
2023년 6월 14일 서울문화사 어린이책 카카오채널 게시글 공지

20명 추첨

신비아파트 고스트볼 ZERO
변신 합체 스마트 피규어 1종
(랜덤 발송)

신비 금비와 들으면서 배워요!
코코지와 신비아파트 아띠

코코지 하우스 &
신비 아띠
신나는 고스트송

코코지 고 &
금비 아띠
바른 습관 동요
& 전래동화

신비와 금비 아띠의 신나는 노래와 이야기로
상상력과 창의력, 집중력이 쑥쑥!

가나다, 구구단을 배우고
코 파지 않기 등 바른 습관을 만들어요!
전래동화 속 교훈도 놓치지 마세요.

독자 특별 이벤트

10,000원

쿠폰 번호: KOKOZISHINBI

코코지 하우스와 신비아파트 세트 전용
주문서당 1회/ 23년 12월 31일까지 사용 가능

사용 안내: 코코지 홈페이지 - 마이페이지 - 쿠폰등록 및 확인하기에서
쿠폰 번호를 등록하면 1인 1회 사용할 수 있어요.
*본 이벤트는 사전 고지 없이 변경 및 취소될 수 있습니다.

구매하러 가기   미리 들어보세요!

(주) 코코지   www.kokozi.house   제품 문의: 1833-8952   ⓒ CJ ENM

만들기가 가득한 유튜브 채널 '예뿍이의 작업방'!
귀염뽀짝 예뿍이와 함께 마법 DIY 스토리북으로 만나요!

예뿍이의 마법 DIY 스토리북
예뿍이의 작업방 1
마법 열쇠의 비밀

원작 예뿍
글, 그림 전영신

서울문화사

작업방으로 초대할게!

값 13,000원

재미있는 이야기와 귀여운 만들기가 가득한 예뿍이의 마법 작업방으로 놀러 오세요!

값 13,800원

말랑꾹꾹 귀여운 종이 스퀴시와 귀염뽀짝 소품을 만들어요!

ⓒ 예뿍

구입 문의 02-791-0708(출판마케팅) 서울문화사

방울이TV의 인기 캐릭터
방뎅이 탐정 출격!

에피소드 ① 세계 도시 미로를 탈출하라!

에피소드 ③ 공포의 놀이기구

방뎅이 탐정과 함께
상황을 분석,
추리하고,
암호를 풀어가다 보면
어느새 **나도 탐정!**

에피소드 ② 으스스~ 공포 체험관

에피소드 ④ 범인을 추적하라!

New

방뎅이 탐정 추리퀴즈 ❶
수상한 동물병원

방뎅이 탐정 추리퀴즈 ❷
공포의 놀이공원

수상한 동물병원에서 발생한 4개의 사건!

수상한 놀이공원 속 숨 막히는 탈출 미션!

원작 방울이TV 글 유경원 그림 차현진 값 12,000원   ⓒWINGCRE, All Right Reserved   서울문화사

유튜브 인기 애니메이션

뚜식이

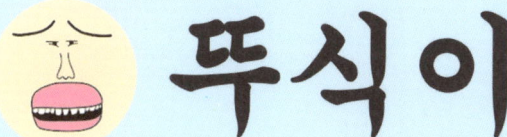

원작 뚜식이 | 감수 샌드박스네트워크
148X210mm | 176쪽 | 값 12,000원

상상을 초월하는 엉뚱 발랄 **뚜식이 뚜순이** 남매의
웃음 폭탄 이야기를 책으로 만나 보세요!

ⓒ뚜식이 ⓒSANDBOX

문의: 02-791-0708(구입) 서울문화사